Tobias Stock

Die Umrundung des Paradieses

AF144864

Tobias Stock

Die Umrundung des Paradieses

Reiseabenteuer aus dem

heutigen Kuba

Die Deutsche Nationalbibliothek verzeichnet diese Publikation in der Deutschen Nationalbibliografie; detaillierte bibliografische Daten sind im Internet über http://dnb.dnb.de abrufbar.

©Tobias Stock
Herstellung und Verlag:
BoD – Books on Demand, Norderstedt

ISBN: 9783734755477

In der Ruhe liegt die Kraft

Inhalt

Erstes Kapitel

Gedanken voller Vorfreude

„De Ushuaia a la Quiaca". Ich denke, das fasst für mich sehr gut zusammen, warum ich seit gut zwei Stunden im Flugzeug nach Toronto mit dem Endziel Kuba sitze. So heißt das Lied, welches ich gerade in luftiger Höhe höre. Es strahlt ganz ohne gesungene oder gesprochene Worte diese Sehnsucht nach Entdeckung und Weite, dem Unbekannten und dem Neuen aus. Einer der vielen Gründe, warum es mich schon seit Längerem unabdinglich nach Kuba gezogen hat. Neben der blanken Angst, dass sich dieses Land möglicherweise bald stark verändern könnte. Obwohl es eigentlich viel wichtiger ist, was ich aus dieser freudig erwarteten Gelegenheit mache und nicht welche Gründe ich mir dafür zu Recht lege. Nicht alles zu begründen ist manchmal herrlich erfrischend. Nicht immer zu wissen was man sucht, aber mit offenen Augen alles zu erleben. Das hat mir in letzter Zeit einfach gefehlt, wo es einem dieser Tage so einfach gemacht wird, seinen Alltag vor sich hinzuleben.

Außerdem liebe ich lange Flüge. Also im Grunde hasse ich die Flüge an sich so sehr wie viele Andere. Das Gefühl nach vielen Stunden aus dem Flieger zu steigen, ganz weit weg, finde ich aber faszinierend. Ich schätze und mag diese Distanz sehr. Es gibt mir das Gefühl der Unabhängigkeit und Freiheit. Ich bin dann ganz woanders. Klima, Leute, Kultur, Sprache, Währung und so viel mehr ist anders als zu Hause.

Der mit allerlei technischem Gerät ausgestattete Herr neben mir schaut mich gerade etwas argwöhnisch an ob meines kleinen Ringbuches nebst Kugelschreiber, mit dem ich meine Gedanken fest halte. Er sackt aber schnell wieder in sich zusammen und widmet sich seinem Film, welcher ihn kurz darauf wieder in den Schlaf wiegt.

Ich muss sagen ich hatte aus der Familie sowie auch von Freunden fast nur Zustimmung erfahren als ich meinen Plan verkündete, sechs Wochen alleine im Auto durch das Land zu reisen. Aber im Grunde war vom angenehmen leicht neidischen Blick bis zur Frage »Aber ist so eine Reise denn sicher?« alles dabei. In einem Land, wo Leute Versicherungen für fast alles abschließen ist die Frage aber wenig überraschend. Ein paar selbstsichere Erklärungen später entspannten sich dann aber wieder alle Gesichtsmuskeln.

Zudem habe ich mich auf meine kleine Rundreise auch ganz gut vorbereitet. Das Erste war die Anschaffung einer vernünftigen Kamera. Letztes Jahr war ich unter anderem in Las Vegas noch mit einer älteren Kompaktkamera unterwegs gewesen. Der Strip, also die Hauptstraße dort, mit all den Hotels, Springbrunnen und Ach-

terbahnen ist vor Allem bei Nacht einfach absolut beeindruckend. Meine Kamera zauberte daraus eine ver-
wischte Drogenphantasie, die jeder Beschreibung spottet. Das sollte nicht noch einmal passieren. Darum kauf-
te ich mir mit der Beratung meines Cousins Daniel eine
Spiegelreflex Kamera. Ich weiß mittlerweile auch, wofür
die meisten Knöpfe sind.

Das zweite Vorhaben stellte sich wie gedacht als ungleich anspruchsvoller heraus. Das Internet war sich
einig, und wann lügt das Internet schon mal, dass man
mit der englischen Sprache auf Kuba keinen Blumentopf
gewinnt. Das hatte bisher im Urlaub immer recht gut
geklappt, aber die Lage schien aussichtslos. Ich wollte
aber wenigstens nach dem Weg fragen können. Ganz
nebenbei öffnet ein wenig Landessprache immer ver-
schlossene Türen. Ich erinnere mich mit blankem Horror
an meine vier Jahre Französisch in der Schule zurück. Es
war mein letzter Versuch mit einer zweiten Fremdspra-
che und es war nicht weniger als eine komplette Kata-
strophe. Das hat mir aber interessanterweise im Endef-
fekt sehr geholfen. Ich bin direkt mit dem Gedanken,
dass mir die Motivation schon in Kürze flöten gehen
würde, an meine ersten Stunden Spanisch gegangen.
Deswegen habe ich einfach unbedarft und planlos ange-
fangen, nur dann komischerweise nicht aufgehört und
weiter gemacht. Jetzt kann ich nach dem Weg fragen

und mit einer gewissen Wahrscheinlichkeit auch die Antwort verstehen.

Auf dem Flug nach Havanna verzückt mich die Sonne bei ihrem Abschied mit einer wunderbaren Farbmischung, mit der sie den Horizont schmückt. Mittlerweile habe ich auch gelernt, dass ich mir die Arbeit, eine nötige Touristenkarte für Kuba vorab bei der Botschaft zu beschaffen, hätte schenken können. Das Flugpersonal läuft mit einem Packen davon durch die Gänge und verteilt großzügig. Das trübt die Stimmung aber nur kurz, da uns wenig später beim Landeanflug auf Havanna das Lichtermeer der Stadt in Empfang nimmt. Erwähnenswert ist, dass es sich wirklich nur auf die Stadt beschränkt. Ich erkenne kaum eine Straße, welche außerhalb der Stadt ist. Als sei sie vom Rest der Insel abgeschnitten. Nach drei Economy Class Flügen ist es mir aber auch reichlich egal, solange ich mir erst mal die Beine vertreten kann. Dass dies auf kubanischem Boden passiert, ist dabei natürlich das Sahnehäubchen.

Das warme Klima umströmt mich direkt beim Ausstieg aus dem Flieger. Ich bin auf Kuba angekommen und freue mich trotz des langen Tages wie ein kleines Kind im Bonbonladen. Das Adrenalin hat die Müdigkeit komplett verdrängt. Die Immigration am Flughafen wirkt zwar etwas unterfinanziert, ist aber schnell und freundlich im Vergleich zu den USA. Obwohl „schnell" auf Kuba generell relativ gesehen werden muss.

Im Flughafengebäude selber ist es rappelvoll und die Menschen drängen sich am Ausgang dicht aneinander. Die gebotene Lautstärke ist beeindruckend. Ich erinnere mich daran, möglichst nicht als Tourist mit Koffer und einem Batzen Bargeld desorientiert herumzustehen. Also stelle ich mich an einen Schalter, um meine Euros gegen Peso zu tauschen.

Es gibt hier zwei Währungen, welche beide Peso genannt werden und mit dem $ Zeichen ausgezeichnet sind. Die „bessere" Währung heißt offiziell CUC und ist eins zu eins an den amerikanischen Dollar gekoppelt. Die lokale Währung CUP wird fünfundzwanzig zu eins zu CUC und dem amerikanischen Dollar gewechselt. Mit dem amerikanischen Dollar selber kommt man nicht weiter, da auf diesen eine besondere Steuer erhoben wird.

Einer der dort anwesenden Tagediebe hat mich aber direkt im Visier und quatscht mich frei von der Seite an. Er biete mir einen besseren Kurs als der offizielle Schalter und versucht mir klarzumachen, dass er mir ja damit einen Gefallen tun möchte. Ich nehme jedoch vorerst von diesem windigen Geschäft Abstand und halte kurz darauf ganz offiziell meine ersten Pesos in Empfang. Ich bin nun um circa ein Pfund Papier reicher. Ich stopfe alles notdürftig in meine Hosentasche, welche nun ausgebeult ist.

Ich schaue mich um, da ich über das Hostel auch direkt ein Taxi gebucht hatte, welches mich in meine Unterkunft fahren soll. Ich quatsche einen Typen am Taxistand an und kurz darauf ist auch der Zuständige für mich gefunden. Klappt ja besser als gedacht.

Auf der Taxifahrt merke ich zwei Sachen. Einmal hängt der Wert meiner spanischen Fähigkeiten stark vom Gegenüber ab. Wenn er in normaler Geschwindigkeit spricht, verstehe ich genau nichts. Aber was will ich nach neun Monaten erwarten. Das zweite ist für mich noch etwas schockierender. Wenn man die Stadt nüchtern betrachtet, ist so ziemlich alles in baufälligem Zustand. Und das sehe ich selbst bei Nacht. Straßen, Autos, Häuser oder sonstige Architekturkunst sehen alle so aus, als hätten sie alle ihre besten Jahre lange hinter sich gelassen. Die Beleuchtung ist spärlich oder nicht vorhanden und Menschen stehen am Straßenrand in der Hoffnung auf eine Mitfahrgelegenheit. Dafür zeigt eine extra Anzeige an der Ampel sekundengenau, wann das nächste Mal Grün wird. Das scheint also aus irgendeinem Grund hier enorm wichtig zu sein. Jedenfalls scheint der weiße Sandstrand aus dem Katalog meilenweit entfernt zu sein. Aber wegen dem bin ich auch gar nicht hier.

Die Ankunft

Nach einiger Zeit komme ich am *Hostal Peregrino* an. Der Taxifahrer zeigt mir noch kurz wo ich klingeln muss und kassiert dann seine fünfundzwanzig CUC, die ich unsicher aus meinem Papierbatzen herausziehe. Julio und Elsa vermieten mittlerweile eine ganze Reihe von Hostels und Wohnungen in der Nähe. Elsa empfängt mich freundlich im ersten Stockwerk eines Wohnraumes, welcher direkt an das Esszimmer und die Küche anschließt. Sie tätigt einen Anruf und währenddessen trete ich auf den kleinen aber massiv wirkenden Balkon zur Straße hinaus und nehme einen tiefen Zug der Meeresluft. Das Meer ist nämlich gut hörbar gleich die Straße herunter. Dann gibt es zusammen mit einem anderen Deutschen zu später Stunde noch etwas zu Essen. Man könnte aber meinen, es käme noch eine Kompanie vorbei, die von dem Essen ebenfalls noch dinieren wolle. Daran wird nicht gespart und nach der bestenfalls als verzehrbar zu beschreibenden Mahlzeit im Flugzeug halte ich mich nicht zurück.

Dann sagt mir Elsa, dass meine Unterkunft ein Stück die Straße hinunter ist. Ich solle einfach meinen Koffer nehmen und rechts raus gehen. Ein wenig weiter steht dann schon jemand der mich erwartet und mir meine gebuchte Unterkunft *Superior* zeigen wird. Und tatsächlich steht ein wenig weiter Rodney vor einer Tür und hilft mir mit dem Koffer. Er macht einen verschlafenen aber freundlichen Eindruck und wir nehmen den Aufzug nach oben. Wir halten vor einer Doppeltür inklusive Stahlgitter. Es ist im Grunde seine Privatwohnung, die er für mich, und natürlich des Geldes wegen, räumt und in der Zeit woanders übernachtet. Die Einrichtung ist zwar geschmacklich in den Siebzigern stecken geblieben, aber es ist wirklich eine ganze Wohnung inklusive Küche, Doppelbett und Bad. Ganz stolz zeigt mir Rodney die Klimaanlage. Dass diese funktioniert ist unschwer zu hören. Ich versuche mir die spanische Vokabel für Klimaanlage zu merken, was aber in meinem derzeitigen Zustand hoffnungslos scheint. Bevor ich aber ins Bett sinke, demonstriert Rodney mir, was in Kuba passiert, wenn man den Hahn für warmes Wasser in der Dusche aufdreht. Es kommt kaltes Wasser heraus. Um das zu ändern zeigt er mir am anderen Ende der Wohnung einen Wasserbehälter aus Metall, welcher abenteuerlich anmutet.

»Du drehst erst den Gashahn auf, entzündest das Gas hier mit den Streichhölzern und wartest zwanzig bis dreißig Minuten….warmes Wasser«, erklärt er mir auf Zustimmung wartend.

Dass die Streichhölzer ungefähr so dick sind wie eine Nadel und beim genauen Hinsehen bereits durchbrechen, möchte ich noch explizit erwähnen.

Rodney gibt mir seine Nummer, falls irgendwas nicht funktioniert. Er komme dann in einer Woche wieder um sein Geld in Empfang zu nehmen. Die international verständliche Handbewegung für Geld ist unmissverständlich: nur Bares ist Wahres. Aber das war mir vorher schon klar.

Nachdem ich alle Lichtschalter gefunden habe stelle ich den Wecker auf acht Uhr und schlafe mit einem zufriedenen Lächeln im Gesicht ein.

Havanna, ich komme

Mein erster Tag in Havanna ist gekommen und ich bin voller Freude aber auch leichter Anspannung, ob der komplett neuen Umgebung. Ich brauche für so eine Umgewöhnung an einen neuen Ort gewöhnlich etwas Zeit. Aber ich bin guter Dinge.

Nachdem ich es direkt beim ersten Anlauf geschafft habe, für heißes Wasser unter der Dusche zu sorgen, gehe ich stolz die Straße hinunter.

In dem Haus in dem mich Elsa gestern empfing, gibt es morgens immer Frühstück. Ihr Mann Julio ist nun auch zugegen, zusammen mit zwei Angestellten welche sich um das leibliche Wohl der Gäste kümmern. Das Frühstück ist sehr gut, was vor allem den frischen und deswegen sehr leckeren Früchten zu verdanken ist. Was beim Frühstück immer serviert wird sind Eier. Auf Wunsch einfach als Spiegelei oder aber als Rührei. Die Eiervorräte in der offenen Küche lassen darauf schließen, dass Eier hier wohl günstig zu haben sind. Da ich morgens meist nicht so der gesprächige Typ bin, mache ich mich nach dem Frühstück direkt auf. Ich wohne in *Centro Habana*, also so ziemlich im Zentrum der Stadt. Ein Stück im Osten ist die Altstadt *Habana Vieja*. Da jedoch das Meer nur einige hundert Meter die Straße hoch ist, machte ich einen kurzen Abstecher zur berühmten Uferstraße, dem *Malecón*. Das eigentlich Inte-

20

ressante ist aber erst mal das Flair und das Leben in der Straße wahrzunehmen. Im Gegensatz zu Deutschland findet das Leben hier oft draußen statt, vor dem Haus, auf der Straße oder im Park. Meine erste Feststellung ist, dass ich mich zu schnell bewege. Ich bin noch in deutschem Tempo und war zu konzentriert, schnell und zielstrebig unterwegs. Die Zeit scheint hier sehr viel langsamer zu laufen oder wenigstens sorgen die Menschen für diesen Eindruck.

Bei Tage wirkt der zerfallene und baufällige Eindruck von gestern Abend nach. Alles scheint, als würde es gerade so halten und funktionieren, nichts scheint überflüssig sondern zweckmäßig und notwendig. Der *Malecón* zeichnet ein ähnliches Bild mit von Wasser und Sonne zerfressenem Beton und Häuserfassaden. Es ist aber auch ganz klar der Charme, den ich mir erhofft habe. Ein paar Meter weiter ist eine Gruppe von Menschen versammelt, singend und tanzend. Die Musik tönt kraftvoll aus den Lautsprechern. Ein Mann hält ein Buch in die Luft, welches mir die Veranstaltung als Gottesdienst offenbart. Es scheint sich um den hier verbreiteten Santaria Glauben zu handeln. Das interessiert mich aber nicht und ich stromere weiter Richtung Altstadt. Als ich ein wenig zielsuchend vor einem Park stehen bleibe, kommt ein Mann auf mich zu und spricht mich in brauchbarem Englisch an. Meinen kurzen Moment der Desorientierung hat er eiskalt ausgemacht. Ich passe wohl perfekt in sein Beuteschema, da er Touristen auf seinem Pferdekarren durch die Gegend kutschiert und sich dabei als Stadtführer verdingt. Aufgrund der schieren Masse an interessanten Orten und Sehenswürdigkeiten in der Altstadt stimme ich zu und er lässt den Zossen anspannen. Das wird dazu beitragen, mich dem Tempo des Landes anzupassen und gleichzeitig ein paar Ecken der Stadt zu sehen. Wir halten am Anfang noch in einer Bar an, wo ich meinen ersten Mojito genieße. Es ist gerade mal zehn Uhr. Zum Glück wird hier der Mojito der Uhrzeit angepasst. Frisch am Morgen und stark am Abend. Gefällt mir.

Wir halten noch im Shop von *Partagas*, einem sehr bekannten Hersteller kubanischer Zigarren. Ein gar feiner Verkaufsraum voller gut gerollter Schönheiten. Die Preise haben fast deutsches Niveau. Die Käuferschaft ist ausschließlich ausländisch. Eine ganze Brise verschiedener Sprachen fliegt durch die Luft. Mein Guide sagt, ich solle mir den Preis gut merken, welcher hier für eine Kiste verlangt wird. Warum wird wenig später klar.

Er will mir ein gutes Angebot machen und so freundlich sein mir eine gute Kiste Zigarren zu verkaufen. Wie es hier üblich ist unter der Hand. Wir steigen also vom hohen Ross hinunter und gehen zwei Ecken weiter in ein Haus. Hier funktioniert der Aufzug im Gegensatz zu meiner Bleibe nicht, aber das ist die Regel. Dafür ist die Stromverkabelung am Eingang als durchweg abenteuerlich zu bezeichnen. Ich komme in einen Raum mit aufgestellten Zigarrenkisten. Zwei andere Männer sind auch im Raum, die wohl die Ware beschaffen und Handelspartner meines Guides sind. Er schwärmt von seinen Zigarren. »Niedrige Preise, beste Qualität«. Da ich selber gerne rauche, bin ich dem Handel nicht abgeneigt. Hier lerne ich eine wichtige Regel. Man muss immer Handeln. Der erste genannte Preis ist meist viel zu hoch. Dann fängt man wesentlich darunter an und trifft sich in der Mitte. Das kann auch schon mal ein temperamentvoller Wortwechsel sein und ich muss sich als Mitteleuropäer erst mal daran gewöhnen, auf diese Art seine Geschäfte abzuschließen. Ich will noch wissen, woher die Zigarren sind und wie es sein kann, dass ich hier nur dreißig Prozent des Preises im Geschäft zahle.

»Die Zigarrenroller bekommen pro Monat eine bestimmte Menge Zigarren umsonst. Keiner raucht sie, jeder verkauft sie. «

Die trockene und ehrliche Antwort erfrischt und überzeugt, dass in den Zigarren auch wirklich vernünftiger Tabak ist. Auch meine restlichen Sinne lassen darauf schließen. Ich verlasse den Raum mit einer Kiste Cohibas und um neunzig CUC erleichtert. Bei einem Monatslohn zwischen zehn und zwanzig CUC auf Kuba ein gutes Geschäft für den Händler. Ein sehr gutes.

Ich erkunde danach die Stadt auf eigene Faust weiter und lasse mich mehr vom Rhythmus der Straße leiten als vom Lonely Planet. Dabei wird abseits der wenigen restaurierten Häuser und Plätzen klar, dass es hier wirklich an so ziemlich allem mangelt außer an revolutionärer Beeinflussung. Ich persönlich halte weder den Kapitalismus noch den Sozialismus für den einen goldenen Weg. Es ist einfach interessant zu sehen, wie die Leute mit dem wenigen was sie haben, über die Runden kommen. Sie scheinen trotzdessen nicht unzufriedener zu sein als wir Deutschen. Ganz im Gegenteil.

Ich werde als allein reisender Mann Mitte zwanzig sehr oft auf der Straße angesprochen. Man will mir die verschiedensten Sachen verkaufen und man muss sich schon mit der Zeit ein dickes Fell gegen die Horden der Straßenhändler zulegen. Unter anderem redet mich ein junger Mann an, welcher an einem großen Platz aussieht wie aus dem Ei gepellt. Er trägt ein perlweißes Hemd mit einer fein gebügelten Weste samt schwarzer Fliege und einer Sonnenbrille. Er grinst über beide Ohren und hat eine Speisekarte in der Hand. Er führt mich in sein kleines Privatrestaurant ein paar Ecken weiter, welches seine Mutter führt. Das Restaurant ist belebt wie eine Bank am Sonntag. Das Beste stehe aber gar nicht auf der Karte. Es wurde interessant. Er hätte auch noch besten Koks im Angebot, günstiges Gras und ich könne auch ein wenig „Unterhaltung" buchen. Afrikanerinnen und Asiatinnen empfiehlt er mir besonders. Ich reagiere relativ unbeeindruckt, da ich gerade weder an seinem Essen noch an dem Zusatzangebot Interesse habe.

»Komm einfach heute Abend wieder und wir reden dann nochmal darüber« stößt er mir entgegen, als ich ihm den Rücken kehre.

Ich ziehe grinsend von dannen.

Nach einigen Sehenswürdigkeiten laufe ich mit etwas Tempo wieder Richtung *Malecón*, denn die Sonne droht unterzugehen, bevor ich den Moment würdigen kann. Ich komme aber rechtzeitig und das Meer samt Skyline von Havanna wird in wunderbar dunkelrotes Licht getaucht. Keine 150 Kilometer in diese Richtung liegen die USA. Ein unwirklicher Gedanke. Das Meer untermalt mit seinem rhythmischen Rauschen diesen schönen Moment.

Beim Abendessen treffe ich noch John aus Australien. Er ist gerade aus dem Flieger gestiegen. Er ist groß, Anfang vierzig und hat schon so ziemlich jedes Land in Lateinamerika bereist. In Europa war er noch nie. Das klingt für mich zunächst komisch, wenn man aber die Weltkarte mal auf Australien zentriert macht das schon Sinn. Da auch er wie übrigens recht viele hier allein unterwegs ist, verabreden wir uns für morgen Abend zum Essen. Ich hoffe er erzählt dann etwas von seinen Reisen nach Amerika.

Der sechs Peso Mojito

Heute gibt es das Ei zur Abwechselung frittiert als *huevo frito*, was im Deutschen auch einfach als Spiegelei durchgeht. Währenddessen treffe ich am Tisch noch zwei zugegebenermaßen sehr attraktive Düsseldorferinnen. Sie machen einen chaotisch spaßigen Eindruck. Getreu dem Motto, lieber die Fahrt zu genießen als nach dem Weg zu fragen. Sie brechen heute mit dem Auto in den Westen des Landes nach Viñales auf. Ohne Navi, Karte, Kompass oder sonstiges und ohne auch nur einen Gedanken an die Wegfindung zu verschwenden.

»Was soll schon passieren? « fragt eine der beiden Geschöpfe trocken. Von dieser Seite habe ich das bisher noch gar nicht betrachtet. Ich scheint noch ein wenig Zeit für die Anpassung zu brauchen an das freie und unbedarfte Reisen. Ist dies doch mein erster Urlaub dieser Art.

Ich habe bereits einiges von dem am Flughafen eingetauschten Geldstapel auf den Kopf gehauen. Da ich mir kein Budget gesetzt habe, fällt mir dies nicht schwer. Ich vertraue den Banken hier in Bezug auf die Akzeptanz meiner Kreditkarte nicht und bin bereits vorher auf Nummer sicher gegangen. So trage ich hier 5000 Euro in bar von Ort zu Ort mit mir durch die Gegend. Ohne Geld am anderen Ende der Welt auszukommen war mein letzter Wunsch.

In der Geldwechselstube, hier kurz *cadeca* für *casa de cambio* genannt, geht es mit deutscher Gründlichkeit zu. Die Euros werden abgegeben, der Reisepass oder eine Kopie vorgezeigt und ich bekomme erst mal die Quittung mit der zu empfangenden Menge an CUC oder CUP. Man tut gut daran, die Quittung auf grobe Glaubwürdigkeit zu prüfen und dann in Ruhe das Geld zu zählen und mit der Quittung zu vergleichen. Die Wechselstube ist klimatisiert, was mir die Scheine beim zählen etwas gemächlicher durch die Hände gehen lässt.

Ich hinterlege meinen Papierbatzen kurz in meiner Wohnung und gehe mit einem Teil davon in Richtung des Geschichtsmuseums *museo de la revolución*. Auf dem Weg werde ich noch von einem Kubaner nebst Frau abgefangen. Sie meinen ich solle doch mit um die Ecke in eine Kneipe kommen, wo gerade eine Band mit einem der letzten Mitglieder des Buena Vista Social Clubs spielt. Da ich den Spruch schon von gestern kenne, schenke ich ihm wenig Glauben. Aber ich will meine schlechten Vorurteile ja wenigstens prüfen. Vor allem wenn ich dabei noch einen Mojito trinken kann. Ich lerne aus dem kleinen Intermezzo zweierlei.

Das spanische Wort für Aschenbecher und dass sich Einheimische gerne auf die Rechnung von Ausländern ungefragt einladen. Dabei wird man unter einem wie auch immer gearteten Vorwand in eine Bar gelotst und es werden Getränke bestellt. Man bekommt aber ebenfalls die Rechnung für die Erfrischungen der Einheimischen. Es sei doch eine Einladung gewesen und die Kellner spielen das Spiel öfters mit.

Das Museum sollte man bei Interesse an der Geschichte Kubas wirklich besuchen. Sehr viele Informationen, relativ groß und natürlich mit viel patriotisch, sozialistischem Lokalkolorit. Nebenbei gibt es dort die Original *Granma* zu sehen. Das Schiff der Revolution sozusagen. Wie viel davon noch Original ist, sei mal dahingestellt.

Abends treffe ich mich noch wie verabredet mit John zum Essen. Direkt am *Malecón*. Das Essen ist gut, der Preis für das Ambiente und das kulinarisch gebotene angemessen. John ist irgendwie ein interessanter Typ. Leicht schlaksig, immer sehr höflich, wissensdurstig und mit seinen zweiundvierzig Jahren voller Unbedarftheit. Hoffentlich habe ich diese in seinem Alter auch noch. Er hat weder Frau noch Kinder, was dabei wahrscheinlich hilft. John sagt, wir müssen noch in die Bar *Floridita* von Ernest Hemingway gehen. Sie liegt mitten in Havanna und ist eine Mischung aus Touristenfalle, rhythmischer Musik und starken Mojitos. Diese werden zu jeweils sechs CUC angeboten, was hierzulande einem handfesten Wucher gleich kommt. Aber Einen sollte man hier einfach schon aufgrund der Atmosphäre und der lebensgroßen Hemingway Statue an der Bar trinken. Nebenbei quatschen wir noch zwei russische Frauen an, welche neben uns an der Bar ebenfalls dem Alkohol frönen.

Lustigerweise spricht der Barkeeper ebenfalls russisch mit ihnen. Wohl noch in alten Zeiten gelernt, als der Eiserne Vorhang Realität war. Hier sind die Auswirkungen der Sowjetunion noch zu spüren.

Auf dem Rückweg treffen wir noch zwei weitere Frauen. Besser gesagt treffen diese beiden Frauen uns. Noch besser gesagt sind es zwei Huren. Sie sind trotz ihres jungen Alters recht geschickt und schauen öfters die Straße hinunter, ob nicht die Polizei kommt. Prostitution ist illegal auf Kuba. Mein schlechtes Spanisch schützt mich vor weiteren Verwicklungen und John erklärt ihnen, dass wir gerade nicht in der Stimmung oder Lage für eine Gutenachtgeschichte sind. Die angenehm kühle Luft auf dem Heimweg verschafft meinem leicht toxischen Körper die dringend benötigte Erfrischung.

Das Buch über Sigmund Freud

Der Morgen beginnt verwirrend. Ich komme vom Frühstück und vor meiner Tür steht ein Mann. Er spricht aber auch nicht ein Wort Englisch und ich verstehe nichts von seinem Spanisch. Dafür hat er auf magische Weise meine Tür geöffnet, tritt herein und bittet mich mit einer einladenden Geste ihm zu folgen. Allerhand. Es stellt sich nach Verständigung per Hand und Fuß heraus, dass er wohl ein Kollege meines Vermieters Rodney ist. Er wechselt nur das Bettzeug und macht sich wieder vom Acker. Ich verschwende keinen weiteren Gedanken an ihn und laufe mit zunehmender Tageshitze in Richtung Universität von Havanna. Heute erkunde ich ein wenig den Stadtteil Vedado, welcher vom Zentrum aus ein Stück im Westen liegt.

Auf der Straße geht es geschäftig und laut zu. Die Straßenhändler gehen umtriebig ihrem Handwerk nach, die Fußgänger quetschen sich vorbei an Autos auf engen Fußwegen und alte Straßenkreuzer der fünfziger Jahre fahren lärmend auf der bereits gebeutelten Straße auf und ab. Meine Kamera hat einiges zu tun, ich genieße die Atmosphäre und bin mittlerweile ein wenig im Takt der Stadt angekommen. Mein Verhalten scheint nun nicht mehr so ungelenk wie am ersten Tage, als ich mich aufführte wie ein Elefant im Porzellanladen. Alles ist wirklich so beeindruckend, anders und alt wie auf den Fotos im Internet.

Die Universität macht einen sehr gepflegten Eindruck. Die Studenten scheinen sich schon stark von dem Mann auf der Straße zu unterscheiden. Vielleicht lässt die ruhige und intellektuelle Umgebung aber auch einfach die Leute selber „besser" erscheinen.

Auf dem Weg zum *plaza de la revolución* werde ich von einem etwas älter aussehenden Studenten in durchaus brauchbarem Englisch angequatscht. Ja ich weiß, ich lass mich aber auch von Allen anquatschen. Er trägt seine graue Kappe weit ins Gesicht, macht einen *smarten* Eindruck und raucht wie fast alle hier. Er ist nicht aufdringlich und fragt mich ein wenig über Deutschland aus, unser politisches System dort und wie viele Leute wohl in welchen gesellschaftlichen Schichten zu Hause sind. Nach meinen teils vagen Antworten über mein eigenes Land begleitet er mich nun zum *Plaza de La Revolucion*. Ein enormer Platz mit einem haushohen Konterfei des hier legendären *Ernesto Guevara de la Serna* und weltweit bekannten Che Guevara. Ein hoher Obelisk streckt sich gen Himmel. Hier hat Fidel Castro früher seine oft stundenlangen Reden zum Besten gegeben. Und der Platz war garantiert immer voll.

Dann geht es weiter zum John Lennon Park. Ja, er wirkt irgendwie leicht deplatziert und unnatürlich auf mich. Im Grunde ist es aber ein normaler Park, wo auf einer Bank eine Nachbildung des Künstlers sitzt. Aber nicht nur er sondern auch ein steinalter Mann mit Zigarre steht daneben und wartet auf Kundschaft. Er hat den durchaus wichtigen Job die Brille des Meisters zu bewachen und bei Gelegenheit zu putzen. Das macht er wirklich hervorragend, als hätte er nie etwas anderes gemacht. Vielleicht stimmt das sogar. Da lasse ich mich nicht lumpen, setze mich auf die Bank und der alte Herr setzt John vorsichtig und behutsam die Brille auf.

Ich gehe mit meinem studentischen Guide, welcher mich immer noch begleitet, durch ein paar Innenhöfe seiner Nachbarschaft, welche eher zweckmäßig als denn einladend aussehen. Aber wann sieht ein Innenhof von mehreren Mietwohnungen schon mal wirklich einladend aus. Wir gehen in das Haus eines Freundes vom ihm. Ich frage mich zwischenzeitlich warum ich in einem wildfremden Land mit wildfremden Leuten mitgehe, was ich nicht mal in meinem eigenen Stadtviertel zu Hause machen würde. Anstatt nach der Antwort zu suchen schnuppere ich an langen, dürren und trockenen Zigarren, welche mir sein Freund unter die Nase hält. Da ich nicht zum Kettenraucher werden will, lehne ich dankend ab, was auch kein Problem ist. Am Ende dieser unaufgeforderten Begleitung, holt mein Stadtführer auf der Dachterrasse einer Bar groß aus. Dass er mir jetzt ein paar Pesos aus dem Kreuz leiern will sieht auch eine Oma mit Krückstock. Er schreibe gerade an einem Buch über Sigmund

Freud und sei in seinen nötigen Nachforschungen schon gut vorangeschritten, könnte jetzt aber ein wenig Geld zum Nachschießen in sein Projekt gut gebrauchen. Er führt es noch ein wenig aus, sodass ich mich bald ernsthaft frage, ob er einfach besonders überzeugend und schmerzfrei lügen kann oder aber das Ganze doch wirklich wahr ist. In einer Welt der unbegrenzten Zeit hätte ich seinen Ausschweifungen noch weiter gelauscht. Wie dem auch sei, hätte ich ihm für seine investierte Zeit und die Stadtführung eh ein wenig Handgeld gegeben. Mit der erfrischenden Geschichte über sein Buch hat er sich die Scheine auf jeden Fall verdient.

Wieder zurück in meinem Appartement wird das eintönige Fernsehprogramm unterbrochen. Auf allen Kanälen. Überall das gleiche Bild. Der Vizepräsident Venezuelas spricht unter Tränen. Ich verstehe ihn nicht, erfasse aber im selben Augenblick die einzig mögliche Erklärung, warum das kubanische Staatsfernsehen solche Bilder zeigen könnte. Hugo Chavez ist gestorben. Der Präsident von Venezuela, einem engen wenn nicht dem engsten Verbündeten Kubas. Auch wenn sein Tod wohl nicht viel ändern wird, ist es doch für viele systemtreue Leute hier eine beunruhigende Nachricht. Offiziell ist es natürlich ein unsäglicher Schmerz und es wird sofort Staatstrauer ausgerufen. Ich bin zwar auf die politischen Auswirkungen gespannt und es ist meist eine schlimme Nachricht wenn jemand gestorben ist, jedoch verspüre ich keine

Trauer oder sonstiges in dieser Richtung. Eher noch Spannung, dass ich bei diesem Ereignis auf Kuba verweile.

Ich treffe mich am Abend wieder mit John, welcher heute ebenfalls durch Havanna gestromert ist. Wir beschließen nach Vedado zum Essen zu fahren. Dort soll es ein paar feine Restaurants geben. Zudem sagt mir John, dass wir unbedingt im Hotel Nacional vorbeischauen sollen. Es ist eines der besten Hotels am Platze und hohe Prominenz soll hier bereits ein und aus gegangen sein. Aber viel wichtiger ist mir die Anreise, denn ich überzeuge John, dass wir stilecht mit einem alten aufpolierten Straßenkreuzer am *Malecón* in den Sonnenuntergang fahren müssen. Die fünfzehn CUC beinhalten auch ein paar Fotos des schillernd roten Gefährts. Der Mann geht mit der Kamera um wie ein Profi. Ich habe eine Schwäche für alte Autos und das Geld wechselt willig seinen Besitzer. Wir schwingen uns alle rein in den Nobelwagen und der hubraumstarke Motor heult auf wie ein ungezähmter Mustang.

Die Sonne verabschiedet sich gerade und ich genieße den angenehmen Fahrtwind, der durch mein recht lang gewachsenes Haar saust. Unser kahl rasierter Fahrer schiebt sich cool einen Zahnstocher zwischen die Zähne und manövriert das Auto mit lässigem Stolz Richtung Ziel.

Sagen wir mal das Hotel ist von außen am schönsten. Innen ist es hier in Havanna zwar immer noch gehobener Standard, aber kein Land in Europa würde der Bude fünf Sterne geben. Der Zahn der Zeit hat am Gebäude genagt. Trotzdem riechen die Gäste des Hauses aus allen Winkeln ihrer Abendgarderobe nach Geld.

John will noch kurz ins Internet. In der heutigen Zeit eigentlich kein Problem, aber wir befinden uns im sozialistischen Kuba. Dieses Internet wird hier in einem exklusiv dafür bereitgestellten Internetraum, ähnlich den Internetcafés der neunziger Jahre, dargeboten. Fünfzehn Minuten für gut zwei CUC und Internet Explorer 6. Kein Wunder warum die Leute lieber eine Flasche Rum anstatt fünfzehn Minuten Internet kaufen. Auch ist der Ausweis vorzuzeigen. Besser gesagt der Reisepass, denn den normalen Kubaner würde man hier wohl schon an der Tür abweisen, falls er sich verläuft. Die Geschwindigkeit ist atemberaubend und John schafft es in der Zeit nicht seine E-Mails abzurufen. Er gibt auf und wir widmen uns dem leiblichen Wohl im hoteleigenen Restaurant. Ich will es mal vorsichtig formulieren. Pizza ist nicht ihre Stärke. Die Gründe für das Hotel sind eher in der zentralen Lage, dem historischen Charme und der Prominenz seiner Besucher in der Vergangenheit zu finden. Frank Sinatra, Marlon Brando wie auch Ernest Hemingway haben hier bereits logiert.

Ein Schuss aus der Vergangenheit

Ich gehe des Morgens entspannt die Straße hinunter und finde schon nach kurzer Zeit ein Taxi. Das ist hier übrigens ein dehnbarer Begriff, da ein Taxi einfach jedes beliebige Auto sein kann. Es gibt sowohl Offizielle als auch Inoffizielle. Es gibt außer beim Preis keinen großen Unterschied. Die meisten Modelle sind alte Ladas aus der ehemaligen Sowjetunion. Viele Fahrer sind wie die Teufel unterwegs. Sie fahren nicht unbedingt schnell aber halt einfach waghalsig und konfus. Neben dem Tacho sind mehr Warnlampen an als aus. Der Kilometerzähler hatte den Dienst schon lange versagt. Der Tacho selber ebenfalls. Kurze Zeit später bin ich durch den Tunnel auf der anderen Seite des Hafens angekommen. Von der großen Christusstatue aus kann ich einen guten Blick auf die Stadt erhaschen. Nebenan ist die *comandancia de comandante che guevara*. Das ehemalige Büro von Che wurde aufpoliert wie wahrscheinlich nicht mal zu seinen Lebzeiten. Wer sich für ihn interessiert kann die sechs CUC anlegen, aber es ist insgesamt ein kurzes Vergnügen. Die Sonne scheint abermals unerbittlich. Die angeblich größte Verteidigungsanlage Lateinamerikas *la cabaña* ist ein gutes Stück zu Fuß entfernt. Auf dem Weg gibt es leicht deplatziert direkt an der Verbindungsstraße ein paar Exponate aus dem kalten Krieg zu besichtigen. Russische Raketen und die Tragfläche eines abgeschossenen amerikanischen Flugzeugs aus Zeiten der Kubakrise liegen hier wie Trophäen aus.

Mittlerweile konnte ich mich schon halbwegs beherrschen und mache nur noch von jedem zweiten alten Straßenkreuzer ein Foto. Interessant, wie man sich in kurzer Zeit an fast alles im Leben gewöhnt. Am liebsten natürlich an angenehme Dinge.

Die Verteidigungsanlage selber ist am besten abends zu besuchen, wenn dort eine große Zeremonie zu Ehren alter Traditionen stattfindet. Jeden Abend um neun Uhr kündigt hier früher ein Kanonenschuss das Schließen der Stadttore an. Zweiteres ist entfallen und Ersteres ist heute eine Touristenattraktion. Sehr schön gemacht. Wer an Fotos interessiert ist, sollte einen CUC für den Terrassenblick investieren. Am schönsten ist aber, dass ich auch danach noch in der Burg umherstreunen und die Stille inklusiver fantastischer Aussicht auf die Stadt genießen kann. Denn wie die Fliegen das Licht werden die meisten Leute vom anschließend stattfindenden kleinen Markt innerhalb der Burgmauern angezogen. Andere Fotojunkies streifen wie ekstatisch zwischen den Burgmauern umher für das Bild auf die Nacht Havannas. John zottelt größtenteils verständnisvoll hinter mir her. Ihm huscht immer ein Lächeln über das Gesicht, wenn ich mit der Belichtung des Motivs zufrieden bin und wir weiterziehen.

Der 1700 CUC Rum

Ich frage nach dem Frühstück Elsa nach einer Unterkunft in Viñales. Da ich nicht weiß, wann ich wo und wie lange sein werde, habe ich nicht vorgebucht. Ihr Mann schellt kurz in Viñales durch, malt mir einen kleinen Dorfplan mit Wegbeschreibung auf und fertig. Wie oft sich wohl etwas im Berufsalltag bei einem fünfminütigen Gespräch lösen lassen würde, wofür stattdessen zehn E-Mails geschrieben werden. Ich werde versuchen, mich daran zu Hause im Büro zu erinnern. Nachdem ich für den morgigen Mietwagen noch Geld gewechselt hatte, geht es nochmal Richtung Altstadt. Vom alten Bacardi Gebäude habe ich einen schönen Blick auf die Stadt. Im Zweifelsfall ist dem Portier ein CUC zu geben und der Aufzug zu nehmen. Was hier nun offizieller Eintritt oder Schmiergeld ist, verschwimmt immer mehr undurchsichtig. Das Haus von Alexander von Humboldt ist in einer Straße, welche gerade komplett aufgerissen wird. Das Gebäude scheint geschlossen zu sein, aber ich setze mich erst mal zwanzig Meter weiter auf die Parkbank und schaue dem bunten Treiben zu. Sich Leute anzuschauen ist sehr interessant, vor allem wenn sie arbeiten. Es kommt ein Mann aus dem Gebäude heraus und direkt auf mich zu. Ob ich das Haus von Alexander von Humboldt sehen wolle. Aufgrund meines Aussehens trage ich hier für jeden gut sichtbar schwebende Dollarzeichen über dem

Kopf. Ich bejahe und er gibt mir zu verstehen, dass gerade renoviert wird und geschlossen ist. Er würde aber für ein paar Pesos eine Ausnahme machen und mir eine kleine Privatführung geben. Das nenne ich Unternehmergeist. Das Gebäude an sich ist aufgrund seines Alters und der offenen Bauweise nett anzusehen, aber mehr als die paar Kröten ist es im momentanen Zustand auch nicht wert.

Danach will ich etwas Renommierteres probieren und schwenke Richtung Rum Museum von *Havanna Club*. Die Führung für sieben CUC schließt mit der Verkostung eines 7 Jahre alten Rums. Es könnte ganz klar schlimmer kommen. Man gibt sich Mühe und es werden Führungen in vielen Sprachen, unter anderem in Deutsch, angeboten. Wenn man aber ungefähr weiß wie Rum hergestellt wird, offenbaren sich wenige Überraschungen. Bis auf die Flasche Premiumrum, die im Verkaufsraum mit 1700 CUC angegeben ist. Ein sehr unsozialistisch und wenig gerechtfertigter Preis in meinen Augen. Da ich aber ganz klar nicht die Zielgruppe für dieses luxuriöse Getränk darstelle, kann ich nicht über die Qualität urteilen. Der Kubaner trinkt das teure Zeug von Havanna Club aber eh kaum.

Auf dem Heimweg komme ich zufällig am nächsten Museum vorbei. Eine dem Anschein nach in den Tag versunkene Frau steht im Flur und hängt ihren Gedanken nach. Das Schild offenbart, dass ich mich vor dem archäologischen Museum Havannas befinde. Ich will schon meinen verlangsamten Schritt fortsetzen als mich mit einmal die Frau erspäht und freudig auf mich zu schreitet. Ob ich nicht reinkommen mag.

„Na klar."

Sie zeigt mir alles und gibt mir eine Führung durch die vielen Ausstellungsräume. Ach naja...ich habe es ja nicht eilig. Sie bemüht ihr gebrochenes Englisch und ich mein schwammiges Spanisch und wir finden zueinander. Der Andrang hält sich in Grenzen, da außer uns Beiden das Gebäude wie leergefegt ist. Ich gebe ihr am Ende ein wenig Trinkgeld und sie zieht freudig von dannen.

Abends treffe ich John, aber er kommt nicht allein. Ilya aus Russland und Inge aus Holland hat er im Laufe des Tages aufgegabelt. Ilya hat dunkles kurzes Haar, einen Dreitagebart und sieht erst mal so gar nicht wie ein Russe für mich aus. Sein Akzent gibt ihn aber im ersten Atemzug preis. Inge hat ein schmales und hohes Gesicht, eine funkelnd rote Uhr und lockiges Haar, was sich auf ihren Schultern ausruht. Man kann ohne Umschweife behaupten, dass sie hübsch ist und der Eindruck wird durch ihr breites Lächeln noch verstärkt.

Wir sind auf der Suche nach Essen und Spaß. Letzteres haben wir sowieso schon, aber ein Plätzchen zum Tanzen kann ja nicht schaden. Gegen den Hunger hilft ein Straßenstand, der für zehn CUP eine Pizza aus einer besseren Privatküche verkauft. Ich bin noch skeptisch und halte mich lieber zurück. Es gibt aufgrund des Todes von Hugo Chavez kaum geöffnete Etablissements. Tanzen und Spaß ist heute vom Staat untersagt. Wir kommen in einem *paladar,* einem privat geführten Restaurant unter. Also im Grunde im Wohnzimmer eines Kubaners, welches mit zwei Tischen und einem Fernseher aufwartet. Ich frage nach der Toilette und der Besitzer zeigt mit dem Finger auf den Flur. Ich trete in einen Raum, wo eine Frau im Sessel sitzt und fern sieht. Sie zeigt auf einen Holzverschlag. Die Spülung ist ein Eimer mit Wasser, aber was soll ich sagen. Es tut seinen Dienst.

Inge will morgen wie ich nach Viñales. Sie hat aber schon ihr Busticket gebucht und alles organisiert, also verzichtet sie auf mein Angebot sie im Auto mitzunehmen.

»Um sechs Uhr an der Bushaltestelle« schlage ich vor und sie nickt zustimmend mit einem Lächeln.

Ich freue mich auf sie, auf den Mietwagen und ehrlich gesagt auch darauf, nach einer Woche in Havanna an einen ruhigeren und beschaulicheren Ort zu wechseln.

Havanna ist keine schöne Stadt im eigentlichen Sinne. Havanna ist aber eine sehenswerte, historische und lebendige Stadt voller redseliger und lebensfroher Menschen. Sie scheinen die Zeit im Griff zu haben und nicht anders herum. Allein diese Tatsache macht mich zuweilen neidisch. Da ich Havanna aber noch zweimal wiedersehen werde, ist es ja nur ein kurzer Abschied. Ein Glück, denn Abschiede sind nicht meine Stärke.

Zweites Kapitel

Ein Chinese stottert nach Westen

Es geht früh aus den Federn, denn heute möchte ich nach Westen fahren mit dem Ziel Viñales. Ein kleiner, beschaulicher Ort abseits vom Lärm der Stadt. Den Mietwagen hatte ich für heute bereits vorab in Deutschland gebucht. Um acht Uhr gibt es ein stärkendes Frühstück um mich dann anschließend einen Block weiter zum Hotel Lido zu begeben, wo mein Auto auf mich wartet. Leider habe ich mal wieder nach deutscher Uhr geplant. Im Hotel gibt es in der Lobby einen kleinen Schreibtisch der Mietwagenagentur, der im besten Fall auch besetzt ist. Das ist nämlich je nach Tagesform unterschiedlich. Der Herr spricht gebrochenes Englisch und erklärt mir, dass der Wagen schlichtweg noch nicht da sei. Wahrscheinlich macht jemand gerade noch ein paar Erledigungen damit. Entspannt und wenig überrascht gebe ich ihm meine Nummer und er wird mich anrufen, sobald der Wagen eingetroffen ist.

Ich übergebe schon einmal meine Wohnung wieder zurück an seinen Besitzer Rodney und gegen elf Uhr schellt dann auch das Telefon. Wie versprochen steht nun ein weißer Geely vor der Tür, Kompaktklasse mit 43.000 Kilometern Laufleistung. Mein Geely ist ein chinesisches

Fabrikat und hierzulande so wenig bekannt, da aufgrund der katastrophalen Sicherheit das Vehikel in Deutschland nicht zugelassen ist. Der Herr der Autovermietung geht mit einem Klemmbrett und Stift um den Wagen herum und macht auf seiner Autoabbildung ein „X" auf dem Zettel, wo schon Macken und Schrammen sind. Ich füge noch ein paar hinzu und am Ende ist dann das ganze Auto auf seinem Zettel ein einziges X. Hier eine Delle, da eine fehlende Antenne und der Lack ist eh ab. Sei es drum, denn er springt an, ich stelle mein Navi ein und brause los in Richtung Süden, um aus Havanna herauszukommen.

Ich bin noch nicht einmal fünf Kilometer vom Hotel entfernt, als die ABS-Leuchte angeht. Sie bekommt von mir einen argwöhnischen Blick, unter welchem sie kurze Zeit später aber auch wieder verstummt. Ist bestimmt nur ein Schluckauf.

Ich biege auf dem Weg noch nach *Las Terrazas* ab, wo es für zwei CUC Eintritt ein paar Dörfer und schicke grüne Hügel zu sehen gibt. Ich schwinge mich nach dem ersten Dorf wieder in meinen Wagen und drehe den Zündschlüssel um. Das Ergebnis ist anders als erwartet. Bis auf leise Regungen der Batterie passiert nämlich genau gar nichts. Nach mehrmaligem Versuch muss ich mir eingestehen, dass der Wagen nach einhundert Kilometern nicht mehr anspringt. Ein Blick auf das Handy komplettiert den Moment, welcher mir Auskunft über das nicht vorhandene Netz hier gibt.

Ich zünde mir einen Zigarillo an und stapfe zu dem Haus im Dorf, wo offenbar ein Telefonkabel hereinführt. Ich frage die Dame, wo ich denn hier eigentlich genau sei und ob ich mal eben ihr Telefon benutzen könne. Meinem chinesischen Freund sei die Puste ausgegangen. Mürrisch bis gleichgültig schiebt sie mir das Telefon herüber. Ich hebe den Hörer ab. Zwei Frauen führen dort ein munteres Gespräch. Ich steige mit meinem Anliegen ein und eröffne die Telefonkonferenz. Mein Anliegen stößt jedoch auf wenig Gegenliebe bei den Damen, welche sich von solchen Banalitäten nicht beirren lassen. Dann nimmt die Besitzerin des Telefons das Zepter in die Hand und scheucht die beiden Quatschtanten aus der Leitung. Englisch ist wie fast immer nicht existent, jedoch kann ich mein Anliegen klar machen. Ich spare mir die Mühe zu fragen, wann der Pannendienst da sein wird. Ich kann die Antwort auch genauso gut in Stunden würfeln.

Ich bedanke mich bei der Dame und setze mich auf die Schaukel des dort befindlichen Spielplatzes. Augenscheinlich ist das Dorf menschenleer, jedoch dringt aus einem Gebäude verdächtig viel Gelächter. Ich untersuche den Grund der Heiterkeit und finde ihn in Form einer fast leeren Flasche Rum, um die sich eine Gruppe von Leuten schart. Hier findet mein Problem mehr Gehör und einer der Anwesenden entpuppt sich als Mechaniker. Ich nehme sein Angebot an, mal einen Blick unter die Haube zu riskieren. Schon beim Anblick des Autos gibt er sprudelnd von sich, dass chinesische Fabrikate schlecht seien und deswegen hier alle mit vierzig Jahre alten, aber zuverlässigen russischen Ladas durch die Gegend fahren. Nach einer Mischung aus Rumgefummel, Rum, lamentieren und anschieben läuft die Karre wieder. Er erklärt mir noch auf Spanisch was das Problem sei, aber ich entscheide mich einfach, den Wagen bis zum Zielort nicht mehr auszumachen. Das ist wohl sicherer. Ich danke dem netten Trüppchen und mache mich wieder auf den Weg zur Autobahn.

Nach und nach befindet sich der Drehzahlmesser im Größenwahn, als er am Ende beim Maximum von 8000 Umdrehungen verharrt. Mein Gehör informiert mich darüber, dass dies absoluter Quatsch ist. Ich fahre weiter, rolle jedoch kurze Zeit später aus, als der Motor einfach bei einhundert Sachen den Dienst versagt. Glücklicherweise passiert dies direkt gegenüber eines Checkpoints der Polizei. Glück im Unglück.

Die Polizisten sind sehr hilfreich und rufen sogar den Pannendienst für mich an, auf den ich vor einer guten Stunde ja bereits vergeblich gewartet hatte. Eine halbe Stunde später kommt wirklich jemand vorbei, der sich meinen Wagen anschaut. Er stimmt mir zu, dass eine qualmende und auslaufende Batterie so nicht im Handbuch steht. Auch der Polizist ist von den Gasen wenig angetan und tritt ob des beißenden Gestanks einen Schritt zurück. Spätestens hier ist mir dann klar geworden, dass aus dem Treffen mit Inge nichts wird, da es kurz vor sechs ist. Mal kurz eine Nachricht zu schicken, dass ich später komme scheint ein Gedanke aus einer anderen Welt. Der Welt der ich für kurze Zeit entfliehen will.

Der Señor kommt kurze Zeit später mit einer neuen gebrauchten Batterie zurück. Neu heißt hier einfach nur, dass es wahrscheinlich funktioniert. Er ruft auch noch eben einen Mechaniker an, weil er mit dem Tausch der Batterie ganz klar an das Limit seines technischen Sachverstands angelangt ist. Als der Motor wieder läuft gibt er mir noch seine Handynummer. Ich danke. Somit breche ich auch direkt mit der ersten Regel, die mir Kubaner hier zum Thema Autofahren gegeben haben.

»Fahr nicht bei Nacht. «

In Ermangelung besserer Alternativen setze ich meine Fahrt in den Sonnentergang mit gedrosselter Geschwindigkeit fort.

Das Fahren bei Nacht ist zwar machbar aber wirklich nicht empfehlenswert. Auf der Straße befindet sich im Zweifelsfall alles von Autos über Menschen, Tiere, Ochsenkarren, Fahrräder, Schlaglöcher und schlafender Kühe. Die liegen hier ohne Witz nachts auf der Straße, wenn der Asphalt noch schön warm ist. Ich erklimme langsam die steile Straße zum Ort und bin heilfroh, als mich die ersten fahlen Lichter am Ortseingang begrüßen. Nach einigen Nachfragen ist mein vorher gebuchtes Plätzchen gefunden. Margarita und Paquito empfangen mich herzlich. Das Zimmer ist zweckmäßig und vor allem mit einem Moskitonetz ausgestattet. Da die Region feuchter ist als der Rest Kubas fühlen sich die kleinen Quälgeister hier wie zu Hause. Es gibt eine Hinterhofterrasse, wo man wunderbar den Tag ausklingen lassen kann.

Zum Abendessen gibt es nur das Beste in Form eines Hummers samt allerlei Beilagen. Der Tisch ist abermals für zwei gedeckt. Das lokale Bier *bucanero fuerte* ist zu empfehlen. Nach dem Essen kommt noch ein junger Herr vorbei, der mir für morgen eine Tour durch das Tal anbietet. Wahlweise auch auf dem Rücken eines Pferdes. Das scheint mir weitaus verlässlicher als das Auto und ich willige ein. Somit schließe ich den turbulenten Tag doch noch zufrieden ab.

Alles Glück der Erde...

Die Luft ist lauwarm und nicht bereits mit der wohligen Morgenwärme wie in Havanna gesättigt. Ich hoffe auf einen entspannten Tag in der Natur. Das Frühstück ist auch hier als durchweg reichhaltig anzusehen mit Käse-sandwich, Früchten, Baguettebrot, Honig, Saft, heißem Kakao und Tee. Die Eier werden hier zu einem wohl-schmeckenden Wurst Omelett verarbeitet. Herzhaft ländlich. Wenn es doch nur immer so wäre.

Pünktlich um halb zehn holt mich eine Frau für die Tour ab, die durch das hier angrenzende Tal von Viñales führt. Ein Gebiet, welches besonders für seine Schönheit sowie den für den Tabakanbau fruchtbaren Boden bekannt ist. Die Frau meint, ich solle ihr mit dem Auto folgen und sie fährt auf dem Fahrrad vor. Hätte ich gewusst, dass es sich um gute 200 Meter handelt, wäre ich auch einfach gelaufen. Der Wagen springt wieder erst beim zweiten Mal an. Außerdem ist sie aufgrund der schlechten Straße und der vielen Ochsenkarren auf ihrem Zweirad eh schneller unterwegs als ich mit meinem ungelenken Motorpferd. Wir kommen an einen Hof an und sie stellt mich meinem heutigen Guide Diego vor, der schon mal die Pferde gesattelt hat. Außer mir ist kein anderer Tou-rist in Sicht, weswegen ich wohl eine Privattour erhalte. Noch etwas hüftsteif schwinge ich mich hoch hinauf. Der

Zosse scheint aber nicht erbaut darüber zu sein, den tausendsten Touristen durch das Tal zu schleppen. Obwohl er den Weg ausgezeichnet kennt, versucht er des Öfteren abzukürzen, was ihm der Besitzer aber nicht durchgehen lässt. Vielleicht ist das Ganze aber auch meiner recht laxen, weil eingerosteten Zügelführung zuzuschreiben. Um das Tier anzutreiben ruft er dem Pferd immer „caballo" zu. Das spanische Wort für Pferd. Die Liebe zum Tier ist wohl noch nicht soweit gediegen, als dass es beim Namen gerufen wird.

Wie dem auch sei reiten wir durch grüne Wiesen und weite Täler vorbei an Bauernhöfen und vereinzelten Wohnhütten. Diego erklärt mir noch einiges mehr, was ich aber ehrlich gesagt kaum verstehe. Wir halten an der ersten *Hacienda.* An der Farm werden mir erstmal ein paar wichtige Sachen beigebracht. Wie man Zigarren in einer Minute rollt und wie die Mischung für einen zünftigen Mojito auszusehen hat. Auch warum ich mit dem Pferd bisher nicht so ganz warm werde, macht mir der Besitzer des Bauernhofes klar.

»Nach drei Mojitos steuert das Pferd auf Halbautomatik. Nach fünf Mojitos navigiert es von allein. « bringt er mir süffisant entgegen. Hätte einem ja auch mal einer vorher sagen können. Bei seinem Mischungsverhältnis glaube ich ihm das übrigens aufs Wort. Die Zigarren sind von guter Qualität. Das Deckblatt ist grob und faserig aber der Geschmack hervorragend.

An unserem letzten Stop geht aus beschaulich zu. Eine herrliche Aussicht sowie Schaukelstühle und frische Fruchtcocktails laden zum Verweilen ein. Da treffe ich auch wieder die anderen Touristen von den vorherigen Bauernhöfen, welche hier wohl alle zu den gleichen Orten gelotst werden. Schweiz, Kanada, Irland und Frankreich sind vertreten und wir schnacken noch nett.

Nach dem entspannten Ausflug will ich auch etwas Entspannung in mein Transportproblem bringen. Die örtliche Niederlassung des Autovermieters hat aber bereits geschlossen. Das wird sich wohl am morgigen Sonntag nicht unbedingt bessern. Ich habe bereits jegliches Gespür für Wochentage verloren. Ein gutes Zeichen. Somit wird die Lösung des Problems auf Montag verschoben. Oder aber Morgen, denn dann steht noch eine längere Tour in den Westen des Landes an.

Ganz nebenbei hat das Internet hier auch schon geschlossen. Dass ein ganzes Dorf hier nun zwei Tage kein Internet hat, ist auf Kuba aber völlig normal. Es braucht einfach niemand wirklich und die Leute widmen sich wichtigeren Dingen.

Gegen Nachmittag fahre ich mit dem Auto noch auswärts zum *campismo dos hermanas*. Entgegen der Behauptung im Reiseführer ist dieser auch für Ausländer zugängig. Eine Mischung aus Park, Museum und Freizeitstätte vier Kilometer außerhalb von Viñales. Das kleine archäologische Museum ist wie erwartet leergefegt.

Man kann sich aber auch kaum darin verlaufen. In der Nähe gibt es noch die prähistorischen Ruinen *mural de la prehistorica* nebst einem Abbild auf einer Felswand zu besichtigen. Ich schenke mir die drei CUC und sehe die Felswand auch von weitem aus mit bloßem Auge. Nach Westen hin geht noch ein Feldweg ab. Ich habe noch ein wenig Zeit bis zum Abendessen und beschließe, dem Schild *mirador* zu folgen. Ich habe keine Ahnung was es bedeutet, aber der Feldweg dahin ist dem Pferd oder Schusters Rappen vorbehalten. Der *mirador* entpuppt sich als Hütte auf einem Hügel und heißt einfach Aussichtspunkt auf Spanisch. Das Auge erfreut sich und wie durch ein Wunder verkauft die Hütte auch kaltes Bier. Was für ein Zufall.

Um sechs Uhr gehe ich zum Busterminal, wo ich mich ja gestern mit Inge verabredet hatte. Vielleicht versucht sie es ja heute noch einmal, aber ich warte enttäuscht vergebens.

Bei meinem Verdauungsspaziergang nach dem Abendessen nehme ich noch die Kamera und das Stativ mit auf der Suche nach ein paar schicken Nachtmotiven. Aber ich kann nun wirklich nicht behaupten, dass das Dorf nach Einbruch der Dunkelheit eine tolle Lichtstimmung hat. Das liegt hauptsächlich daran, dass es in der Nacht kaum Licht gibt. Bei meinem Umherstreifen stelle ich fest, dass das Dorf wesentlich besser in Schuss ist als die meisten Häuser Havannas. Hier ist ein Stein auf dem

Anderen, helle Farben zieren die Häuser und wild wuchernde Blumen schmücken die Eingänge.

Als ich zurückkomme fragt mich Paquito noch, ob ich ihn auf meiner morgigen Tour nicht in einem kleinen Fischerdorf in der Nähe absetzen könne. Es würde dabei ein frisches Abendessen für mich herausspringen. Weitere Überzeugungsarbeit ist nicht nötig.

Die Uhr steht still...seit sechzig Jahren

Nach über einer Woche auf einer karibischen Trauminsel habe ich noch nicht einen Strand gesehen. Das soll sich heute ändern. Zunächst aber habe ich mich mit Paquito aufgemacht in das circa fünfundzwanzig Kilometer entfernte *Puerto Esperanza,* den „Hafen der Hoffnung". Ich hätte das Dorf aber auch ohne Paquitos Bitte, ihn dort für einen frischen Fisch abzusetzen, angefahren.

Der Reiseführer schreibt, dass die Uhr hier 1951 stehen geblieben sei. Solche Sachen liebe ich. Und er sollte Recht behalten. Ich parke auf der Hauptstraße und somit auch der einzigen geteerten Straße in dem Dorf, welche direkt an das Meeresufer führt. Eine bunte Mischung aus Fischern und sonstigen Frohnaturen haben sich auf einer weißen Steinmauer niedergelassen und schauen mich leicht verwundert an. Der große Touristenstrom scheint hier noch nicht angekommen zu sein.

Wie meist üblich bietet mir einer der Burschen an, ein Auge auf mein Auto zu werfen. Da er eh gerade lässig zehn Meter weiter mit seinen Kollegen den Tag genießt, scheint mir die Arbeit für ihn zumutbar. Zwei kurzhaarige Hunde fetzen an mir vorbei. Dies ist auch so ziemlich das Einzige hier, was sich schneller als nötig bewegt. Eine erfrischende Meeresbrise sorgt für ein angenehmes Klima.

Ein paar Meter weiter führt ein klappriger Holzsteg, bei dem einige Planken bereits fehlen, in die ruhige See hinein. Ich verweile ein wenig an diesem malerischen Bild und genieße einfach den Moment. Der Ort ist mir von Anfang an sympathisch

Ich lasse mich nicht lumpen und erkunde den Rest des Dorfes, was jedoch nicht viel Zeit in Anspruch nimmt. Die Leute gehen ihrem Tagewerk nach, bereiten Speisen zu, sitzen im Schatten oder gucken mich interessiert an.

Wenig verwunderlich also, dass ich auch der Frau begegne, die hier die einzige Unterkunft am Platz vermietet. Ich lehne ihr Angebot ab, obwohl der Reiz ein paar Tage in diesem ruhigen Dörfchen zu verweilen mich doch kurz gepackt hat. Wieder stellt sich das Problem der begrenzten Zeit.

Am Ortsausgang fange ich damit an, allerlei Anhalter in mein Auto zu laden. Das ist hier so üblich. Nur eine Person in einem Auto für fünf Leute wird als Verschwendung und nicht zuletzt als unkameradlich und unsozial angesehen. Nebenbei hat es auch für mich handfeste Vorteile. Für Stimmung im Auto ist jederzeit gesorgt. Ob es nun Bauern, Fischer, Schüler oder Polizisten sind tut der guten Laune keinen Abbruch. Ganz nebenbei werde ich mit einem Polizisten im Auto an allen Checkpoints, welche hier in unregelmäßigen Abständen auf den Straßen verteilt sind, stets freundlich durchgewunken. Des Weiteren kennen die Leute die Schlaglöcher in der Straße, welche leicht mal für eine gebrochene Achse sorgen können. Auch weisen sie mich auf unpassierbare Straßen hin.

»Nach *Cayo Jutias* über die Südstraße fahren und nicht am Meer entlang. Sehr schlechte Straße.« meint direkt der Mann auf dem Vordersitz, als ich bereits abbiegen will.

Mal ganz abgesehen davon, dass es hier kaum Schilder gibt, erschließt sich der gegenseitige Nutzen zwischen mir und den Anhaltern sofort. Sowas ist von keinem Navigationssystem der Welt zu ersetzen und fördert die kulturelle Verständigung nebenbei prächtig. Ein bisschen lokale Sprache hilft ungemein und erfreut zudem die Anwesenden, aber im Notfall funktioniert es auch per Hand, Fuß und Fingerzeig.

Die Halbinsel *Cayo Jutias* ist durch eine über das Meer führende Straße mit dem Festland verbunden, welche ein herrliches Panorama bietet. Am Ende liegt ein Sandstrand, welcher von Touristen wie von Einheimischen gleichermaßen genutzt wird. Eine Bar nebenan sorgt für Erfrischung genauso wie das blaue Meer.

Ehrlicherweise muss ich noch sagen, dass auch hier wieder versucht wird, mir möglichst viele Pesos aus den Rippen zu leiern. Ob Eintritt an der Straße, Parken oder Liege, jedes Mal hält jemand die Hand auf. Bei vielen solchen Sachen ist aber der erste Preis mehr der Wunschpreis und ein wenig Handelsgeschick verhilft zu einem besseren Kurs.

Natürlich nehme ich mir vom Strand noch ein kleines Andenken in Form eines Sonnenbrandes mit, wie es bei mir beim ersten Strandbesuch im Urlaub so üblich ist. Also ist die anschließende Dusche etwas kühler als eigentlich angedacht. Paquito ist ebenfalls bereits zurück und schiebt mir den Teller mit dem duftend zubereiteten Fisch unter die Nase. Fisch, frisch auf den Tisch ist eine der besten Speisen, die hier überhaupt auf den Tisch kommen kann.

Die Familie schmeißt während des Essens die Reste einfach aus der Pforte heraus, worüber sich die im Innenhof wartende Hündin Negra königlich freut.

Später bei einem von Paquito empfohlenen Schnaps rede ich noch mit Margarita.

»Morgen möchte ich an das westliche Ende von Kuba fahren. Meinst du das ist möglich? «
frage ich sie auf eine klare und positive Antwort hoffend.
»Am Ende ist ein großer Park und ein Naturschutzgebiet. Da kannst du nicht einfach durchfahren. « meint sie direkt.

»Was möchtest du ganz am westlichen Ende der Insel sehen? «
schiebt sie noch als Gegenfrage nach.

»Das Ende. Ich will einfach das Ende sehen. Norden, Osten, Süden und Westen der ganzen Insel« erwidere ich.

Ihr Blick zeigt mir unmissverständlich an, dass sie von meinem Vorhaben etwas überrascht ist. Dennoch sagt sie mir, ich solle einfach bis zum Park fahren und dort fragen. Ich danke ihr und nippe am letzten Schluck meines Getränks.

Ich frage mich selber, ob es die Mühe wert ist. Nur um das westliche Ende dieser Insel zu sehen und dafür wahrscheinlich 200 Kilometer schlechte Straßen und Feldwege auf mich zu nehmen. Ich einige mich kurze Zeit später auf „Ja".

»Ich will zum Leuchtturm«

Um halb sieben klingelt der Wecker. Manch einer möchte meinen, dass das nicht ungewöhnlich sei. Da der frühe Morgen und ich uns aber seit Jahren schon aus dem Weg gehen, ist meine allgemeine Handlungs- und Zurechnungsfähigkeit zu dieser Uhrzeit noch stark eingeschränkt. Margarita sieht aber offen gestanden um diese unchristliche Uhrzeit nicht besser aus. Da ich heute einen weiten Weg vor mir habe, muss sie ebenfalls zeitig aufstehen, um das Frühstück zuzubereiten. Ich mache mir eine geistige Notiz, dieses bei der Abreise mit einem ordentlichen Trinkgeld zu würdigen.

Paquito zersägt in der Zeit gut hörbar einen ganzen Wald, was auch noch im Innenhof zu vernehmen ist. Ich frühstücke stattlich, da ich mir nicht sicher bin, ob überhaupt eine Lokalität für ein stärkendes Mahl auf meiner heutigen Route liegt.

Ich schaue noch kurz auf die Karte und sehe, dass genau an meinem Zielpunkt ein kleines Symbol für einen Leuchtturm steht. Ich schlage das spanische Wort für Leuchtturm nach und mache mich auf den Weg. Die Morgensonne begleitet mich netterweise dabei.

Die letzten dreißig Kilometer der Straße zu dem Nationalpark *Peninsula Guanahacabies* sind wirklich nur schwer als Straße zu bezeichnen. Langsam und vorsichtig taste ich mich mit meinem Auto voran, immer nach Schlaglöchern Ausschau haltend.

Ich gehe in das vorgelagerte Haus der Parkwächter und erkundige mich. Es gibt eine gut vierstündige Tour durch den Park. Ein eigenes Auto ist Voraussetzung, denn es ist keines vor Ort vorhanden.

»Was möchtest du denn sehen? Welche Tiere, Pflanzen, Höhlen oder Felsen? « fragt mich der mir zugeteilte Guide Jose direkt am Anfang.

Ich möchte ihn nicht vor den Kopf stoßen, dass ich eigentlich gar keine Ahnung von dem Park habe und im Grunde nur zu meinem Leuchtturm möchte. Also fasel ich etwas herum und schließe mit den Worten »und am Ende will ich noch zu diesem Leuchtturm fahren. «

„Kein Problem" meint Jose und wir steigen in meinen Wagen und befahren die Halbinsel.

Jose gibt sich wirklich Mühe und hat zumindest für meine Begriffe Ahnung von seinem Fach. Er führt mich an verschiedene Stellen mit Höhlen, Sümpfen, Teichen und Flüssen und zeigt mir dabei vor allem allerhand Tiere. Die Flora und Fauna ist hier wirklich erstaunlich und ich freue mich sehr, dass mein eigentliches Ziel noch durch dieses nette und ruhige Gebiet führt.

Felsen mit extrem spitzen Steinen säumen das Ufer, weswegen sie hier auch übersetzt „Hundezähne" heißen. Erwähnenswert ist noch der laut Jose angeblich kleinste Vogel der Welt. Ich kann seine Aussage zwar gerade nicht auf Richtigkeit prüfen, glaube ihm aber trotzdem. Denn der Vogel ist wirklich extrem winzig und ich würde ihn ohne seine Hilfe im Traum nicht erspähen.

In den Höhlen sind Schwärme von Fledermäusen zu Hause. Diese gucken reichlich empört, als Jose sie einfach ungefragt mit seiner Taschenlampe anleuchtet.

Mein Guide ist sein Geld also klar wert und wir verbringen einige Stunden in dem Park, ein wenig spanisches Rätselraten inklusive.

Kurz vor dem Ende zeigt er mir noch einen Landstrich, indem kein Baum mehr steht, sondern der nur von Totholz umgegeben wird. Ein paar Jahre zuvor habe hier ein Hurrikane sein Unwesen getrieben und den kompletten Wald niedergerissen. Es sieht alles unwirklich und gespenstisch aus. Große Vögel sitzen uns beobachtend auf den abgestorbenen Ästen der umgefallenen Bäume.

Dann fahren wir noch wie von mir gewünscht komplett zum Ende des Parks und somit auch der ganzen Insel, wo der Leuchtturm auf mich wartet. Wunderbar. Da niemand in Eile ist und auch sonst keine Menschenseele in Sicht scheint, nehme ich mir noch die Freiheit die Kamera auszurichten und ein Foto von Jose und mir zu schießen.

Auf dem Rückweg nach Viñales nehme ich noch die halbe Mannschaft des Parks im Auto mit und setze sie auf dem Weg ab. Ich hoffe sie müssen den Weg normalerweise nicht laufen. Mittlerweile habe ich mich auch gut mit den Anhaltern arrangiert und finde es sehr unterhaltsam einen Schlag unterschiedlicher Menschen im Auto zu transportieren. Beeindruckend, wer da manchmal wen kennt.

Das Auto fährt nach anfänglichen Ladehemmungen auch problemlos, was mich zuversichtlich für morgen stimmt. Übrigens habe ich heute auch gelernt, dass die Tankstellen hier keinen Überlaufschutz haben. Zumindest meine nicht. Wenn der Tank also voll ist, dann schießt das überschüssige Benzin einfach wieder heraus. Da habe ich ganz schön Augen gemacht und wer den Schaden hat braucht für den Spott nicht zu sorgen. Da hier zudem niemand Kreditkarten akzeptiert oder Wechselgeld hat, tankt man besser für einen festen Betrag und gibt einfach einen glatten Schein ab.

Am Abend ist auch meine Wäsche tiptop fertig, sauber und gebügelt. Morgen geht es dann 427 Kilometer Richtung Osten nach Cienfuegos, wo durch Margarita freundlicherweise schon mal eine Unterkunft für mich gebucht wurde.

Insgesamt waren die vier Nächte und drei Tage hier ein echtes Erlebnis, egal ob zu Fuß, hoch zu Ross oder motorisiert. Zudem ist Viñales ein so kleines Dorf, dass man in einer halben Stunde weiß, wo alles ist. Hier hat mich auch niemand wegen Zigarren oder willigen Frauen angesprochen, was ich ausgesprochen nett und entspannt finde. Wer also mit der Natur etwas anfangen kann, findet hier eine willkommene Abwechslung zum im Vergleich emsigen Havanna. Die Betonung liegt auf „im Vergleich".

Auf ein Erdbeereis in Jaguey Grande

Abermals geht es früh jedoch gut gelaunt aus den Federn. Eine für mich immer noch ungewöhnliche aber angenehme Situation. Ich tausche Geld und fühle mich auf dem Weg zur Wechselstube mit meinen dreihundert Euro sehr sicher und nicht so angespannt wie noch in Havanna. Das ist aber eher mein persönliches Problem, da es um die Sicherheit in Kuba recht gut bestellt ist. Die Dame am Schalter zählt die sechs Scheine häufiger durch und guckt sich einen nach dem anderen genau gegen das Licht an. Einer davon scheint jedoch nicht ordnungsgemäß gebügelt und es fehlt an einer Ecke ein kleines Stück. Banknoten sollten hier zum Wechseln immer in Top Zustand sein. Er wird abgelehnt und ich nehme das Wechselgeld für die zweihundertfünfzig Euro mit.

Ich überrede Margarita noch zu einem Abschiedsfoto zusammen mit mir und ihrem Mann. Ob der frühen Uhrzeit ziert sie sich ein wenig.

Das Auto springt ohne Murren an und die Fahrt bis Havanna verläuft ereignislos. An der ersten Gabelung gen Südwesten nehme ich wieder ein paar Anhalter mit, welche hier immer an Autobahnabfahrten zu finden sind. Sie möchten nach Santa Clara, also nehme ich sie ein gutes Stück mit, bevor ich Richtung Cienfuegos abbiege.

Jedoch habe ich die Rechnung ohne meinen chinesischen Freund, das Auto, gemacht. Nach einiger Zeit geht die ABS Leuchte an. Ich quittiere das mit einer halb hochgezogenen Augenbraue. Wenig später gesellt sich auch das altbekannte Ausrufezeichen dazu. Die Beiden kennen sich bereits, also kein Grund zur Sorge. Kurz darauf stößt ein neuer Gast zur Runde dazu. Die Öllampe stellt sich vor. Langsam wird es richtig belebt bei mir im Wagen neben dem Tacho. In der Überlegung, wie nun mit dem neuen Gast zu verfahren sei, wird mir die Entscheidung jedoch kurze Zeit später ungewollter Weise abgenommen. Der Motor quittiert wie bereits des Öfteren den Dienst komplett und ich rolle sanft und geschmeidig auf dem Standstreifen, bzw. dem Staubstreifen neben der Autobahn, aus.

Ich versuche die Wiederbelebung des Vehikels, aber es lässt nicht mit sich verhandeln. Ich hadere mit der Welt, der chinesischen Autobaukunst und mir gehen einige böse Anschuldigungen durch den Kopf. Ich besinne mich darauf, dass es wenig Sinn macht, mit einer guten Tonne Blech zu diskutieren.

Weiße Schrottlaube.

Im Zuge dessen werden auch meine Anhalter, welche sich seit einiger Zeit eine Mütze Schlaf genehmigt hatten, wach. Sie erkundigen sich nach dem Grund der kreativen Pause des Wagens, da auch weit und breit nicht ein Haus zu sehen ist. Ich diagnostiziere aufgrund der bekannten Symptome, dass hier nun erstmal Endstation ist und sie aus ihren Träumen unsanft in die Realität aufgewacht sind.

Wir nutzen die Zeit um uns bekannt zu machen. Claudia ist eine junge Frau mit einem breiten Lächeln, hochgesteckten Haaren und einer Hochwasserhose. Richard ist ihr Freund, welcher lässig elegant mit Hemd und Sonnenbrille ausgestattet ist. Auch Richards Mutter Marta ist mit von der Partie. Sie hat blond gefärbte, kurze Haare und das Gelb ihres Oberteils findet sich auch in ihren Flipflops wieder.

Insgesamt nehmen sie die Lage locker, weil es wohl nichts Ungewöhnliches ist, dass man hier auf Kuba mit dem Auto liegen bleibt. Wir befinden uns etwa fünfundzwanzig Kilometer vor Jaguey Grande. Ich schaue auf die Karte, was meine Laune jedoch nicht gerade hebt, da es nach einem ziemlichen Kaff aussieht. Die Karte der Autovermietung, welche ich ebenfalls zu Rate ziehe, stimmt mich hingegen zuversichtlich. Das Kaff hat eine Zweigstelle der Autovermietungsfirma samt Autoverleih. Bingo.

Da weder ich noch meine Leidensgenossen es hinbekommen, mittels meines Mobiltelefons eine Verbindung zum Pannendienst aufzubauen, bleibt nur die Weiterreise per Anhalter. Marta erklärt sich bereit nach Jaguey Grande zu fahren und den Pannendienst zu informieren. Spätestens hier zahlt es sich auch für mich persönlich aus, dass ich stets mit einem Auto voller Anhalter unterwegs bin. Ich wäre vielleicht nicht elendig verhungert, aber trotzdem bin ich für die Hilfe sehr dankbar. Ich lenke mich in der Zeit mit Claudia und Richard ab, damit wir nicht durchgehend an die gleißende Nachmittagshitze erinnert werden.

Außerdem finden wir geraume Zeit später heraus, wie die Nummer des Pannendienstes in ein deutsches Handy einzutippen ist. Erst die internationale Vorwahl aus Kuba heraus (119), dann die Landesvorwahl nach Kuba herein (53), die Ortsvorwahl (variiert) und dann die tatsächliche Ortsnummer. Da schlackere ich mit den Ohren.

Etwa drei Stunden später kommt dann tatsächlich Marta in einem Abschleppwagen über die Autobahn gefahren. Natürlich nur als Beifahrerin.

Der Mechaniker, der diesmal auch wirklich wie einer aussieht, fackelt nicht lange und lädt den Wagen direkt auf. Wahrscheinlich musste er sich schon von Marta einiges anhören, deren Laune sich deutlich verschlechtert hat.

Ungeachtet dessen setze ich mich mit Claudia und Richard geduckt ins Auto, da es hierzulande illegal ist und auch geahndet wird, in einem abgeschleppten Auto während der Fahrt zu sitzen.

Wir fahren auf einen Autohof, auf welchem noch mehr dieser chinesischen Autoleichen ihre letzte Ruhe gefunden haben. Es geht mit dem Mitarbeiter in das klimatisierte Containerbüro. Damit nicht der falsche Eindruck entsteht sei erwähnt, dass bei drei Leuten im Büro die Tür nur noch schwerlich auf und zu geht.

Ich schicke Richard als meinen Vertreter beim Feilschen um ein neues Auto ins Rennen, da ich den Mitarbeiter kaum verstehe. Es scheint nach kurzer Verhandlung alles darauf hinaus zu laufen, dass ich einen neuen fahrbaren Untersatz bekomme, was meiner Meinung nach auch allerhöchste Eisenbahn wird. Vor Allem bei den gesalzenen Preisen hier. Jedoch dauert dies noch etwas, da die Papiere erst fertig gemacht werden müssen.

In der Zwischenzeit eröffnet uns Marta den einfachen Grund ihrer schlechten Laune. Sie hat Hunger. Claudia guckt auch schon recht sparsam. So fährt uns der Mensch vom Pannendienst erstmal zum nächsten Imbiss. Man muss halt Prioritäten setzen und mit leerem Magen macht das Leben keinen Spaß. Es wird ein kreolisches Gericht für unterwegs bestellt, was auch direkt auf der Straße vertilgt wird. Für umgerechnet einen knappen Euro kann ich mich nicht beschweren. Um das lukullische Mahl zu schließen, gibt es direkt vom gleichen Stand noch ein wohlschmeckendes Erdbeereis.

Es schlägt mittlerweile sechs, als wir zurück zum Autohof fahren und ich mein neues Auto in Empfang nehme. Es sind keine Jubelstürme zu erwarten, da es sich abermals um einen Geely handelt. Hier aber als neues Modell in schickem Blau und gerade mal dreitausend Kilometern.

Ich will garnicht wissen, wo sie den gerade hergezaubert haben, denn vorhin stand er noch nicht auf dem Hof. Flugs wird der Papierkram signiert, die Klamotten umgeladen und dann geht es ab. Selbst die gleiche im alten Auto verbleibende Menge Benzin wird mir an der Tankstelle ersetzt. Übrigens eine gute Mischung aus zwanzig Litern billigstem 85 Oktan Benzin und zwei Litern vom Besten. Den Differenzbetrag wird sich der Mitarbeiter direkt unter der Hand einstreichen. Es tut also auch das billigste und nicht wie in der Broschüre für das Auto empfohlene teuerste Benzin.

Mit der sich senkenden Sonne im Rücken geht es Richtung Santa Clara. Ich will zwar eigentlich nach Cienfuegos, was weiter südlich liegt, aber nach der Hilfe kann ich die guten Leute auch nicht bei Dunkelheit an einer Autobahnkreuzung herausschmeißen. Ich beschließe also ungeplanter Weise, die Nacht in Santa Clara zu verbringen.

Die Stadt ist ein Netz voller Einbahnstraßen. Diese zeigt das Navi grundsätzlich falsch herum an. Darauf ist aber Verlass, womit ich dann auch klar komme. Wir kommen an einer Unterkunft, hier *casa particular* genannt, von Freunden meiner Anhalter an. Zum Glück ist kurzfristig noch etwas frei und ich fahre die Drei dann endlich nach Hause in ihre wirklich äußerst bescheidene Bleibe in der Nähe der Autobahn. Wieder zurück in meiner Unterkunft auf meinem Bett liegend lasse ich den Tag nochmal Revue passieren. Es mag etwas komisch klingen aber für mich war es ein toller Tag. Im Grunde ein Teil des Abenteuers, das ich hier suche. Zudem wurde Bekanntschaft mit der Bevölkerung gemacht und ich habe für morgen von Claudia das Versprechen bekommen, dass sie mir die Stadt zeigt. Einen neuen Wagen habe ich obendrein. Es kann garnicht besser laufen.

Zu erschöpft vom Rum, um zu arbeiten

Ich werde am Morgen von den hier beheimateten Käfig-vögeln geweckt. Ich trete durch die Küche hinaus. Erst bei Tageslicht sehe ich, was für ein schicker kleiner Garten sich hier verbirgt. Alles ist grün bepflanzt, ein Stroh-dach schützt vor Regen und Sonne, Baumstümpfe die-nen als Sitzgelegenheit und die Flagge Kubas hängt am Gartenhaus. Luisa steht in ihrem farbenfrohen leichten Kleid bereits in der Küche und bereitet das Frühstück zu. Der Morgen erhellt sich nochmals deutlich beim Biss in die Ananas. Ein Genuss sondergleichen.

Weiterführend in diese Richtung trifft etwas später Claudia ein, mit welcher ich zusammen ins Auto steige um die Stadt zu erkunden. Santa Clara steht ganz im Zeichen von Che Guevara. Es ist sozusagen seine Stadt, auch wenn er hier weder geboren wurde, gelebt hat noch gestorben ist. Hier wurde aber laut Geschichtsbü-chern die finale Schlacht auf dem Weg zur Revolution geschlagen, was man nun durch allerhand Museen und Statuen würdigt.

Nichts mit Che zutun, aber trotzdem sehr sehenswert, ist der Ausblick über die Stadt, zu welchem mich Claudia führt. Sie hat sich für heute extra frei genommen und versucht sich ebenfalls an meiner Kamera, was total faszinierend für sie scheint. Mich mal nicht um die Fotos kümmern zu müssen ist ausgesprochen entspannend. Über das Theater und eine Ausstellung landen wir noch in einem Park im Stadtzentrum. Den Abschluss der kurzen Rundfahrt bietet eine riesige Statue von Che, welche einen großen Platz überstrahlt. Genau dort gibt es auch ein Museum über den Mann, welches für Interessierte sehr sehenswert ist, da es mit vielen Originalexponaten aufwartet.

Da es noch recht früh am Tage ist und meine Weiterreise nach Cienfuegos kaum viel Zeit in Anspruch nehmen wird, schlägt Claudia noch vor, Richard bei der Arbeit zu besuchen. So kommen wir kurze Zeit später an einer ein paar Kilometer außerhalb liegenden Lagerhalle an.

Er freut sich sehr, uns zu sehen. Er scheint sich gut daran zu erinnern, dass ich aus Sicherheitsgründen immer einen sieben Jahre alten Rum im Kofferraum meines Autos transportiere. Hiervon nimmt er sich erstmal ein paar kräftige Schlücke, die stärkende Wirkung zu haben scheinen. Zurück in der Halle redet er kurz mit seinem Chef. Er sei bereits erschöpft von der Arbeit und würde für den Rest des Tages frei nehmen.

Auf dem Rückweg halten wir noch in einer Häusergasse an, wo erstmal kräftig Domino gespielt wird. Richard ist mit seinen Kumpanen voll dabei und nach kurzem Zuschauen probiere auch ich mein Glück. Es scheint nicht schwer. Aber wichtiger als zu gewinnen scheint, die Dominosteine möglichst saftig auf den Tisch zu dreschen sobald man dran ist. Das verschafft Respekt und gehört einfach mit dazu.

Damit er den Tag noch besser als eh schon über die Runden bekommt, schenke ich ihm zum Abschied noch den Rest der Flasche. Er hat aber bereits gute Vorarbeit geleistet. Claudia begleitet mich noch bis zur Autobahn. Zum Abschied gibt es Hand und Kuss. Letzteres ist bei Frauen zur Begrüßung oder zum Abschied eh üblich. Ich verspreche ihr, dass ich auf mich aufpasse und nochmal vorbeischaue. Santa Clara liegt auf meinem Rückweg in gut zwei Wochen. Aus irgendeinem Grund ist sie besorgt, dass ich ganz allein durch ihr Land reise.

»Cuídate, mucho«. Pass gut auf dich auf.

In Cienfuegos werde ich herzlich empfangen. Ich habe vollen Service, da eine Dame für meine Unterkunft sorgt, während sich eine zweite Dame des angrenzenden Hauses um mein leibliches Wohl kümmert. Ganz recht.

Die Stadt selbst ist größer als zunächst von mir gedacht und ich laufe eine gefühlte Ewigkeit Richtung Süden an der Promenade entlang nach Punta Gorda. Fußläufig für mich zu erreichen ist das Stadtzentrum nebst dem hübsch anzusehenden Park. Das Zimmer hier ist nicht gerade als geräumig zu beschreiben, aber für einen guten Schlaf wird es wohl trotzdem reichen. Hier wecken mich hoffentlich nicht die Vögel zu früher Stunde.

Ein Schild mit meinem Namen

Der Vormittag wird genutzt, um wichtige Besorgungen wie Geld wechseln, Wasser und Rum kaufen und E-Mail schreiben zu erledigen. Da auch hier das Internet nur sehr selten anzutreffen ist, muss ich in ein Internetcafe gehen und darf mich, nachdem ich mich sich ausgewiesen habe, in die Warteschlange stellen.

Danach mache ich mich gen Westen auf den Weg nach *Playa Giron*. Das ist auch der Hauptgrund für meinen Stop in Cienfuegos. Hier wollte 1961 eine Invasion von Exilkubanern die Revolution stoppen. Der Erfolg war mehr als mäßig.

Ich entdecke weder ein Schild noch einen direkten Hinweis auf die geschichtlichen Ereignisse hier und schaue mich stattdessen in dem wenig belegten Hotel um, welches nun an eben jenem Strand steht. Es sieht mir aus wie die Zentrale der internationalen Vogelbeobachter, da ich meist Männer mittleren Alters in zu funktionaler Kleidung mit Riesenkameras im Foyer sehe.

Am Strand finde ich noch eine leicht mitgenommene Steinmauer. Ob diese noch schnell vor dem Angriff damals hochgezogen wurde oder hier nur rein zufällig steht, weiß ich nicht. Der warme Sand unter den Füßen ist aber in jedem Fall angenehm und sorgt auch dafür, dass ich mich zügig fortbewege.

Etwa eine halbe Stunde weiter liegt der bekanntere Abschnitt dieser Küste, der auf den Namen *Playa Larga* oder *bahia de los cochinos* hört. Auf gut Deutsch auch einfach Schweinebucht genannt. Hier ist 1961 die restliche Armee gelandet, jedoch mit ähnlich wenig Erfolg wie weiter östlich. Ein paar zerfallene Schießschoten aus Stein stehen noch am Strand. Direkt in der Nähe schließt sich ein verschlafenes Nest an. Ein Museum, welches über die damaligen Ereignisse Aufschluss geben soll, suche ich vergebens.

Ein in der Nähe stehendes Plakat gibt aber die klare Marschrichtung vor. „Sozialismus oder Tod" ist zu lesen. Kein undurchsichtiges Geschwafel sondern direkte Ansagen gibt es hier zu Genüge.

Westlich hiervon erstrecken sich weitreichende Sümpfe, welche größtenteils nur zur Beobachtung der Fauna interessant sind. Da ich eh schon mal in der Gegend bin, mache ich auch noch einen Abstecher dorthin. Aber nicht so eilig. Ein Checkpoint bringt mich zum Stehen. Der Eintritt kostet Geld. Das Ticket ist jedoch nicht hier sondern in der Stadt zu kaufen. Es passiert in Kuba übrigens häufiger, dass man das Ticket für irgendetwas nicht am Eingang sondern ganz woanders bekommt.

Zusammen mit dem Ticket bekomme ich auch direkt einen Guide, welcher sich im Gebiet auskennt. An Personal mangelt es hier keinesfalls. Er beherrscht neben Spanisch und Französisch sogar recht gutes Englisch, was die Sache doch deutlich angenehmer gestaltet.

Wir fahren Richtung *la salina*. Hier stand wohl eine früher mal genutzte Saline zur Salzgewinnung, aber der Naturschutz hat hier die Oberhand gewonnen. In der Gegend gibt es allerhand Vögel zu sehen. Ein Fernglas des Guides leistet gute Hilfe. Die Landschaft ist weitläufig mit Wasser bedeckt und die Straße sieht aus, als wäre sie schon mehr als einmal überschwemmt worden.

Möven, Pelikane und Falken entspannen sich windgeschützt in der Nähe von Wassersträuchern.

Wenn man gerade in der Nähe ist oder aber sich wirklich für Vogelbeobachtung interessiert, dann ist man hier auf jeden Fall an der richtigen Adresse. Die Morgen- und Abendstunden sind vorzuziehen.

Nebenbei hat mir mein Guide noch etwas über Kuba, sich selbst und seine Vorliebe für englischsprachige Musik der sechziger bis achtziger Jahre erzählt. Wir haben uns im Auto somit direkt auf *Deep Purple* einigen können. Wie angenehm.

Zurück in meiner Unterkunft kümmere ich mich um die Buchung einer Unterkunft in Camagüey für meine morgige Übernachtung. Oder besser gesagt lasse ich kümmern, da ich darauf vertraue, dass die persönliche Empfehlung noch die beste ist und sich die Vermieter privater Wohnungen eh untereinander kennen. Ab und zu werde ich auch gebeten, doch einen Stoß Visitenkarten zum nächsten Ort mitzunehmen.

Aufgrund der katastrophalen Straßenanordnung in Camagüey, auch „der Irrgarten" genannt, soll dort morgen Nachmittag ein Typ mit meinem Namen auf einem Schild stehen.

»Am Orteingang. Das wird schon klappen«, meint Marie nur trocken. Optimismus und Unbekümmertheit gehen wie so oft Hand in Hand. Da die Straße auch nicht im Navi oder im Reiseführer verzeichnet ist, schließe ich mich diesem Vertrauen an.

Zusammenfassend gestehe ich, dass ich mit Cienfuegos nicht so recht warm geworden bin und deswegen um den Ortswechsel auch nicht traurig bin. Havanna war groß, aufregend und ein Erlebnis, Viñales beschaulich und grün, Santa Clara unerwartet und revolutionär. Zu Cienfuegos fällt mir nichts Griffiges ein. Aber muss ja auch nicht.

Die Unterkunft ist voll...oder weg oder so

Nach einem guten Frühstück erklärt mir Maries Mann noch die Südroute nach Camagüey, meinem nächsten Stop. Ich möchte nicht die Autobahn nehmen sondern über ein paar Dörfer und Städtchen die landschaftlich schönere Route nehmen. Er zeigt mir auch noch stolz sein Moped aus der DDR. Das Modell MZ TS 250 scheint hier sehr beliebt. Ein sächsisches Zweirad. Alles was eine kommunistische oder sozialistische Vergangenheit hat ist hier noch zu finden.

Nach dem obligatorischen Abschiedsfoto geht es dann über Trinidad, Sancti Spiritus und Ciego de Avila Richtung Camagüey. Eine eindeutig bessere Wahl als die einschläfernde Autobahn oder *autopista*, wenn man die Zeit entbehren kann. Und das sollte man können. Hügelig und grün mit Feldern und Palmen präsentiert sich die Landschaft, über die ich gemächlich hinweg fahre. Trinidad selber ist wirklich hübsch anzusehen. Das kann ich nicht anders sagen. Französischer Kolonialstil mit ordentlich Kopfsteinpflaster zwischendurch. Es ist aber auch ein recht touristischer Ort und die Menschen werden hier per Bus ausgeladen und durch die Stadt geschoben. Sehr aktiv sind hier auch die schon aus Havanna bekannten *jineteros*, welche einem so ziemlich alles andrehen. Ich habe wohl aus purem Zufall noch ein recht gutes Los gezogen, da einige Frauen berichten, dass man hier alleine auf der Straße einfach ständig angequatscht wird. Das stelle ich mir schon nervig vor. Das ist aber auch einfach eine Frage der Mentalität.

In Sancti Spiritus mache ich ebenfalls Halt und bereits das ausufernde Schokoeis für umgerechnet sechs Eurocent ist die Rast wert. Ein geschäftiger und enger Markt hat gerade seine Pforten geöffnet, wo Uhren, Kleider, Nahrungsmittel und Sonnenbrillen verkauft werden. Natürlich auch noch alles andere was handelbar ist.

Auf der Durchfahrt habe ich es mir nicht nehmen lassen im schillernden *Florida* ein Erinnerungsfoto zu machen. Das Ortseingangsschild ist dann aber auch schon die Hauptattraktion von diesem windigen Ort, der mich höchstenfalls zum Durchfahren einlädt.

Langsam wird es interessant und ich halte Ausschau nach dieser besagten Person, die mich mit einem Schild mit meinem Namen abholen und zur Unterkunft bringen soll. Die Straßen sind hektisch und voll, Schilder sind Mangelware und ich fahre einfach auf gut Glück in Richtung Camagüey hinein. Nun führen viele Wege nach Rom und auch ins Zentrum von Camagüey.

Nach einigen suchenden Blicken falle ich wohl direkt in das Beuteschemas eines jungen Mannes auf einem Fahrrad, welcher todesmutig mit dem fließenden Verkehr unterwegs ist. Er quatscht mich locker von der Seite durch das offene Fenster an.

»Ich bringe dich zum Stadtzentrum« ruft er mir entgegen. Da mir ehrlich gesagt nichts Besseres einfällt und ich auch nicht den Hauch einer Ahnung habe wo ich gerad bin, folge ich ihm einfach. Im Stadtzentrum macht er mit seinem Drahtesel Halt und offeriert mir direkt seine eigene Unterkunft, welche ganz in der Nähe sei. Man was für ein Zufall aber auch. Ich gebe ihm die Anschrift meiner gebuchten Unterkunft und er schwingt sich ohne Widerrede auf sein Fahrrad und nimmt die Suche auf wie ein Hund die Fährte. Ich bleibe misstrauisch.

Er und somit auch ich halten vor der Unterkunft eines jungen Mannes, der bereits auf der Türschwelle steht und uns begrüßt. Er ist relativ großzügig gebaut, hatte schon mal mehr Haare und ein „Call of Duty – Black Ops" T-Shirt an. Das weicht doch klar von der Beschreibung einer Biologin mittleren Alters ab, welche mich erwarten soll. Ich bezweifle ebenfalls, dass sein Name Sonia ist.

Er lässt erst gar keinen Zweifel aufkommen und fängt direkt an zu erzählen, dass die Unterkunft ausgebucht sei und so. Und überhaupt. Nun bin ich aber auch nicht den ersten Tag hier im Lande und weiß um die Geschicke mancher Leute, wenn es um den Rubel oder hierzulande *dinero* geht. Also muss ich abermals nachdrücklich werden, sodass die Fahrt auf der Suche nach meiner Unterkunft weitergeht. Ich kaufe ihm aber mittlerweile tatsächlich ab, dass er nicht wirklich genau weiß, wo meine

Straße ist, da auch er mehr wirr als geordnet durch die Straßen Camagüeys schlenkert.

Nun denn halten wir kurze Zeit später am nächsten Haus. Ich steige aus und ein Mann namens Wilfredo steht in der Tür und begrüßt mich. Draußen steht aber wirklich Sonia dran. Er zeigt mir eine Visitenkarte, da seine Frau wohl die Unterkunft betreibt. Ich entschuldige mein Misstrauen und gebe meinem Freund auf dem Fahrrad zwei CUC in die Hand, mit denen er sich zufrieden aussehend vom Acker macht. Wohl für beide ein gutes Geschäft. Auch wenn es mich nicht daran zweifeln lässt, dass solche Summen eigentlich viel zu hoch sind und Andere dafür einen ganzen Tag oder mehr arbeiten müssen. Aber ich kann mit mir auch nicht vereinbaren, Jemandem fünfundzwanzig Eurocent zu geben, der mich gerade durch die Stadt gelotst und letztendlich ja zu meinem Ziel gebracht hat.

Das Zimmer ist ansprechend mit großem Bett, Küche, Bad und einem Balkon, welcher sehr einladend aussieht. Die Treppe ist für meinen wuchtigen Koffer zu eng. Vielleicht ist es auch anders herum. Aber irgendetwas brauche ich ja zum Meckern.

Ich versuche noch Wilfredo von der Vereinbarung mit der Person und dem Schild in seiner Hand am Ortseingang zu erzählen. Nicht, dass der arme Typ dort stundenlang steht und ich sitze hier schon gemütlich im Stuhl. Ich verstehe ihn weitestgehend garnicht. Es kommt jedoch durch, dass es den besagten armen Typen garnicht gibt, weil sie mich später erwartet haben. Dabei habe ich mir schon Zeit gelassen. Ich glaube ja eher, dass der Mann seinen Allerwertesten nicht hoch bekommen hat und sich lieber mit seinem sauberen Kollegen die Beisetzung von Chavez im Fernsehen anschaut. Aber da bin ich auch ehrlich mit mir. Ich kann es ihm nicht verübeln.

Sonia kommt etwas später von der Arbeit. Das traditionelle Familienbild von dem hart arbeitenden Mann und der Hausfrau trifft hier irgendwie nicht so ganz zu. Zu meiner Freude verstehe ich sie sowie auch ihre Tochter deutlich besser. Zudem zeigt sie mir auf einer Karte noch die Sehenswürdigkeiten der Stadt. Es ist die Stadt der Kirchen und so braucht man zumindest als gläubiger Mensch hier keine Karte, um den rechten Weg zu finden. Ich speichere mir vorsichtshalber den Standort meiner Unterkunft im Handy ein und erkunde die Stadt.

Was für ein erleichterndes Gefühl hier zu Fuß unterwegs zu sein. Das ist mir bisher noch in wenigen Städten so drastisch aufgefallen. Ich biege einfach dort ab, wo ich will. Herrlich.

Camagüey ist die drittgrößte Stadt Kubas und liegt so grob zwischen Havanna im Norden und Santiago de Kuba im Süden. Den Menschen hier wird nachgesagt, dass sie gerne ihr eigenes Ding drehen und sich weder vom Süden noch vom Norden etwas sagen lassen.

Sehenswert neben der Kirche, also wirklich daneben, ist der Friedhof. Bei Toten wird hier nicht gegeizt und große Grabmäler zieren die gepflasterten Wege.

Beim Abendessen treffe ich einen anderen Deutschen zusammen mit seiner kubanischen Freundin. Der Grund, warum er bereits zum achtundzwanzigsten Mal hier nach Kuba gekommen ist. Der Weg scheint sich also zu lohnen. Das Ergebnis ihrer Bemühungen trägt sie seit fünf Monaten mit sich herum. Ich halte ja eigentlich nichts von Fernbeziehungen, aber die Beiden sehen trotzdem innerlich zufrieden aus.

Er erzählt noch ein wenig über sein Leben hier und dass er seit langem auf der Suche nach ein paar Plastikstühlen sei. Die sind im Moment schwer zu bekommen in der Gegend. Es hört sich banal an, aber einen Balkon ohne Stühle will auch keiner haben.

»Wo geht es hier zum Kasino?«

Ein höher werdendes, leicht schrilles und aggressiv klingendes Geräusch huscht bereits viel zu früh in Richtung meines Gehörgangs. Als die Darbietung mehrstimmig wird, untersuche ich die Quelle des Übels. Einige Katzen auf den Dächern der Stadt liefern sich einen erbitterten Kampf, wer denn hier nun auf welchen Ziegeln die Morgensonne genießen kann. Obwohl diese in Hülle und Fülle vorhanden sind. Da kein rascher Konsens zu erwarten ist, nehme ich schon etwas früher als geplant das Frühstück ein.

Das darf ich trotz der Gefahr mich erneut zu wiederholen aber nochmals loben. Es ist kein interkontinentales Frühstück, aber stets frisch, fruchtig und mit Liebe zubereitet. Vielleicht durchdringen mich solche leicht ekstatischen Gefühle deswegen, weil meine erste Mahlzeit in Deutschland meist irgendwo zwischen Müsli und Nichts liegt.

Ausschweifungen links liegen lassend mache ich mich auf in die Stadt und beschließe, im Süden anzufangen. Ich bin in Teilen doch typisch deutsch und mache Sachen gerne mit System, damit ich nicht dreimal im Kreis laufe und unter der Mittagssonne zerlaufe.

Ziemlich am Ende liegt der *Plaza de la Revolución*. Den gibt es hier in jeder Ansiedlung, die etwas auf sich hält.

Der Ansturm ist abermals nicht atemberaubend und ich finde mich alleine auf dem Platz wieder. Es scheint als sei dieser Platz hier einfach, weil eine Stadt dieser Größenordnung so etwas braucht. Nicht weil es nun unbedingt von Nutzen ist. Hässliche Hochhäuser im Hintergrund verschandeln den Blick zudem. Auf dem Weg zurück komme ich am *Casino Campestre* vorbei. Ich hatte bereits den Guide überflogen und bin aufgrund des Namens interessiert an der kubanischen Form eines Spielkasinos. Da sind aber nur ein Park und ein kleiner Zoo. Nicht die Spur eines Glücksspiels in Sicht. Auf Nachfrage stellt sich heraus, dass es sich dabei einfach um diesen Park hier handelt und es nichts ist mit dem schnellen Geld. Ich hätte ein sozialistisches Spielkasino gern mal gesehen, falls sowas überhaupt existiert.

Als Versöhnung hält ein Eis her. Das Verweilen in dem Park ist aber nur den hart gesottenen vorbehalten, da aus zu kleinen Lautsprechern zu laute Musik tönt. Allerhand Kutschfahrer und *bicitaxis*, also einfach Fahrräder mit Chauffeur, bevölkern die Straße und quatschen Touristen wie mich immer gerne an. Auf Wunsch gibt es auch die Stadtrundfahrt inklusive Eskortdame und *Happy End*. Das packt ein Kubaner übrigens ganz unverblümt in einen Satz und lässt ihn leicht unauffällig im Vorbeigehen fallen. Auch hier wie im ganzen Land ist die Prostitution illegal.

Ein anderer Höhepunkt ist auf dem Dach des Gran Hotel

zu bestaunen, wo ich eine schöne Aussicht auf die Stadt habe. Dass ich kein Gast bin, stört hier niemanden. Der Aufzug fährt zwar nur bis in den fünften Stock, auch wenn es einen Knopf mit einer „6" darauf gibt, aber ein Treppenhaus löst das Problem.

Eine andere Art von Überblick gibt es an der Ecke *General Gomez/Independencia* mit dem *maqueta de la ciudad*, einem Miniaturmodell der Stadt. Für einen CUC gibt es genau das. Und die Klimaanlage nicht zu vergessen. Hier rar gesät und deshalb umso beliebter.

Ich mache auf dem Weg Richtung Norden am Bahnhof Halt. Das alte Gebäude gemischt mit dem Charme der alten Loks ist auch für Leute interessant, die sich wie ich kaum für diese Dampfrösser interessieren. *Für eine effizientere Eisenbahn* steht es für alle gut sichtbar auf einem Plakat in der Nähe. Das ist auch wichtig, denn bei dem Anblick nicht gerade für Jeden selber zu erschließen.

Zwei Männer fortgeschrittenen Alters sitzen im Park nebenan auf der Bank und teilen sich die Arbeit mit der Schnapsflasche.

Um auch mein kulturelles Programm abzudecken besuche ich das „Haus der jungen Kunst", finde dort allerdings nur eine Bauruine vor. Generell finden hier gerade sehr viele Arbeiten statt und man versucht die Stadt nach und nach zu restaurieren.

Ich schlendere weiter Richtung Norden, aber spätestens

ab dem Bahnhof hat es sich mit den Touristen dann auch komplett erledigt. Viele kommen eh nicht hierher. Das Hotel vorhin war schon gespenstig leer. Es fehlt wohl einfach an interessanten Sehenswürdigkeiten und für die Meisten wohl einfach an Strand. Die Stadt liegt mitten im Land und auch abseits von sonstigen Touristenzentren.

Mir gefällt sowas und ich stromere ziellos umher, bis ein kleiner Laden meine Aufmerksamkeit erfasst.

Er besitzt ein ähnliches Konzept wie einige Museen hier, denn man findet alles und auch nichts. Das Sortiment eines großen Lebensmittelgeschäfts auf dreißig Quadratmetern. Ob Kleidung, Schuhe, Lebensmittel, Getränke, Hygieneartikel oder Elektronikprodukte, alles passt in den Laden hinein und es herrscht rege Betriebsamkeit. Die günstigste Mikrowelle wechselt für einhundert CUC den Besitzer. Ich habe meine Letzte für die Hälfte gekauft. Wenn ich also die Preise mancher Güter hier mal ganz nüchtern auf das staatliche Einkommen von zehn bis fünfundzwanzig CUC monatlich umrechne, schlackert man mit den Ohren. Gestern erzählte mir übrigens mein Nachbar, dass der kleine Fiat der Familie aus dem Jahr 1999 hier mit circa 14000 CUC gehandelt wird. Falls das auch nur im Ansatz stimmt, ist das natürlich schon Raub am helllichten Tage. Nach meinen sechs Stunden durch die verwinkelte Stadt genehmige ich mir ein Nickerchen. Dem Himmel sei Dank haben die Katzen wohl grad ähnliches im Sinn und ich kann in Stille schlummern.

Heute Abend geht hier die „Nacht von Camagüey", ein lokales Straßenfest, los. Das scheint hier jeden Samstag zu sein und umfasst Livemusik unter offenem Himmel, Straßenstände und natürlich jede Menge Genuss von Alkohol. Es reißt mich jetzt nicht vom Hocker, da sich die Ausmaße der Festivitäten doch arg in Grenzen halten. Wirklich voll ist es nur bei einer Flamenco Show, was durchaus seine Berechtigung hat. Nicht nur hat man für reizende Frauen gesorgt, sie schwingen auch ordentlich das Tanzbein. Es hört sich vielleicht nach einer klassischen Touristenveranstaltung an, von denen gibt es hier aber halt kaum welche, weswegen der Großteil der Besucher direkt aus der Stadt kommt. Der Rückweg zur Unterkunft dauert länger als gewohnt.

Drittes Kapitel

Ana, mi amor

Zum Abschied ist wie nun mittlerweile üblich noch ein Foto entstanden. Da die Hausherrin Sonia gerade in Havanna auf Reisen ist, muss ihre Tochter nebst Freund dafür herhalten. Nichts besonderes, doch wundern wir uns, als mein Nachbar Christian beim Knipsen mit der Kamera komische Verrenkungen macht. Wir bekommen kurz danach heraus, dass er ja nicht irgendwie selber auf dem Bild in dem Spiegel hinter uns erscheinen will. Wir haben uns alle köstlich amüsiert.

Da ich auf dem Weg noch ein paar Leute in Las Tunas absetze, die ich auf dem Weg eingesammelt habe, fahre ich von der Hauptstraße ein Stück ab ins Stadtzentrum. Ich setze die Leute ab, schaue auf das Navi und folge der Straße. Aus der Stadt heraus führt mich mein elektronischer Witzbold auf eine Nebenstraße, dann Schotterstraße, Sandstraße, Feldweg und am Ende halben Acker. Das passiert innerhalb von einigen hundert Metern. Ich drehe alsbald und schunkele mit dem Auto wieder zurück Richtung befestigter Straße. Der Bauer guckt mich schon leicht ungläubig an, während er auf seinem Ochsenkarren sitzt und ich die Federung des Autos teste, welche eindeutig unzufrieden ist. Er macht eindeutig die schneidigere Figur von uns Beiden und sein Ochse scheint auch mehr Laufruhe zu besitzen als meine Pferde. Ich nehme auf der Ehrenrunde noch ein paar andere Bauern mit, die sich auf der schwungvollen Fahrt gut amüsieren. Ich glaube sie amüsieren sich auch hauptsächlich über mich. Ich kann es Ihnen nachsehen und sie zeigen mir noch den Weg zur Autobahn.

Ich mache kurz halt in Bayamo, was fast auf dem Weg zu meinem Ziel Santiago de Cuba liegt. Morgen soll es zur alten Kommandostelle der Rebellen in den fünfziger Jahren gehen, welche hier in der Nähe ist. Ich will noch ein paar Infos zu diesem Ausflug zur „comandancia" einholen.

Wie dem auch sei, erwartet mich bereits ein Tagedieb, der an dem Park herumlungert, wo ich mein Auto abstelle. Neben der Stadttour legt er mir doch nahe, mein Auto nicht hier zu parken. Ich merke an, dass ich am Straßenrand wie jeder andere parke und ich keinen Grund für einen Regelverstoß sehe. Aber hier sei ja in der Nähe eine Schule und das ist nicht gut. Ich kann seiner Logik ehrlich gesagt nichtmal ansatzweise folgen. Er hat ein besseres Plätzchen für mein Auto im Sinn, höchstwahrscheinlich gegen eine geringe Gebühr. Ich ignoriere seinen Ratschlag und beende das sinnfreie Gespräch, indem ich meinem Englisch neben mehr Geschwindigkeit einen dicken Akzent verpasse.

Ich schaue hier nach der Reiseagentur zwecks der morgigen Tour, zu welcher *Cubanacan* im *Hotel Telegrafo*

Straße *Maceo 53* mehr wissen soll. Dort steht aber ein anderes Hotel. Besser als nichts. Die nette Dame am Empfang schickt mich ein Stück weiter zum nächsten Hotel. Dort angekommen sagt man mir von *Cubanacan*, dass ich mal am *Infotour* Schalter am anderen Ende der Stadt nahe der Busstation fragen soll. Dass man mir keine farbigen und durchnummerierten Passierscheine anbietet ist alles. Man muss sich auch daran gewöhnen, dass die Leute hier entsprechend ihrer Bezahlung ans Werk gehen. Das mündet dann halt des Öfteren in klarer Arbeitsverweigerung. Gewisse Sachen lassen sich aber auch mit etwas Schmiermittel schnell ins Rollen bringen.

Ich beschließe, mich mit den Informationen im Reiseführer zu begnügen und mich überraschen zu lassen. Eigentlich interessiert mich eh nur die Uhrzeit, zu der ich am Park sein muss, damit ich auch nicht umsonst zu früh aufstehe.

Mit dem Wagen voller hübscher Frauen, was aber ganz ehrlich reiner Zufall ist da diese am Straßenrand fieser weise in einer Gruppe aufgetreten sind, brause ich nach Santiago herein. Auch hier erwarten mich enge, steile Einbahnstraßen vom Feinsten. Anfahren am Berg sollte man beherrschen. Um die Sache noch etwas spannender zu machen, hat hier und auch anderswo eine Straße zwei Namen. Die Verwaltung hat neue Namen eingeführt und diese an die Straßenecken und in Stadtführer sowie auf Karten geschrieben. Das Problem ist, dass die Leute da-

rauf pfeifen und einfach die alten Namen weiterbenut-
zen. Das führt natürlich dazu, dass keiner weiß, was der
andere will. Ich kann es den Leuten aber gut nachfühlen.
Nachdem ich wohl bereits meine dritte Runde durch die
engen Gassen drehe, fragt mich ein dunkelhäutiger Mit-
bürger, die man hier auf Kuba übrigens einfach und
wertneutral als Neger bezeichnet, wo die Reise denn
hingehen soll. Mein rotes Nummernschild warnt übrigens immer alle vor, dass hier jemand mit viel Geld und
ohne jegliche Ortskenntnis im Anmarsch ist.

Ich komme in meiner *casa particular* an. So heißen hier
die Privaträume und Wohnungen, die an Ausländer vermietet werden. Dafür braucht man eine Erlaubnis vom
Staat und muss auch ordentlich Steuern entrichten. Wo
was zu holen ist, wird die Hand aufgehalten.

Ana begrüßt mich. Aber so, dass Worte dem nicht ge-
recht werden. Ana, welche den Namen mit zwei anderen
Frauen in dem Haus teilt, ist stattlich mit knallbunter
Hose. Volles, schwarzes Haar fällt schulterlang herunter
und zwei große goldfarbene Ohrringe schmücken sie. Sie
lächelt aus vollem Herzen, als wenn sie auf genau mich
gewartet hätte. Sie ist zwar mittleren Alters, begrüßt
mich aber ganz direkt mit *mir amor*, also „meine Liebe".
Das passiert hier schon mal, auch bei eigentlich Frem-
den. Da sind die Kubaner nicht so. Sie ist mir auf Anhieb
sympathisch und ich fühle mich schon ganz wie zu Hause, ohne dass ich das Haus je betreten hätte.

Ich habe zwar keine Lust, abermals den Koffer über enge Treppen zu wuchten, aber es lohnt sich hier wirklich. Auf dem Dach direkt neben der Sonnenterasse ist ein kleines Schlafzimmer mit angebautem Bad. Oben drauf gibt es eine weitere kleinere Terrasse, von der ich bis auf das Meer blicke. Die Getränke stehen bereits kalt im Kühlschrank. Ganz zu meinem Vergnügen, denn die Autofahrten sind hier doch meist lang und anstrengend. Sechs Stunden Fahrt sind hier anders als in Deutschland, auch wenn es ganz klar mehr Charme hat, als über eine schnöde Autobahn zu brettern voller Leute, die es alle noch ein Stück eiliger haben als der Vordermann.

Nachdem ich eingezogen bin, merke ich, dass ich wohl auch in das Revier einer Nachbarskatze eingedrungen bin. Ihren Unmut über meine Dreistigkeit hier ungefragt meine Zelte aufzuschlagen, verhüllt sie nicht im Geringsten und tut das auch lautstark kund.

Aber auch sie verstummt bald darauf beim Anblick des Sonnenuntergangs. Dieser geht weich und sanft über den Ausläufern der hier befindlichen Bergkette *sierra maestras* unter, während sich das verschwommene warme Licht in den Wellen des Wassers spiegelt. Die Spitzen der Häuser dieses Viertels tauchen sich in oranges Licht. Ich versuche den Moment als Foto einzufangen, komme aber bald zu dem Schluss, dass meine Zeit damit verschwendet ist. Wenn man zwanzig Fotos schießt, aber den Augenblick selber nicht erlebt, sind die

Aufnahmen dann auch irgendwie wertlos und sinnfrei.

Nachdem die Nacht Einzug hält, ist die Beleuchtung aber wie so oft hier auf Kuba äußerst dürftig. Dabei würde das so viel ausmachen. So eine erhellte Kirche sähe direkt ganz anders aus, aber die meisten Leute haben hier wohl andere Sorgen als ich. Mit denen bin ich grad echt zufrieden, sodass ich trotz der tropischen Nacht prächtig zur Ruhe komme.

Schlafende Hunde

Ich merke, wie die Sonne schon seit einiger Zeit unaufhörlich auf meinen kleinen Dachanbau scheint. Kurz darauf vernehme ich das Geschnatter von drei Deutschen, welche auf der Terrasse lautstark ihr Frühstück einnehmen. Ich trete ebenfalls hinaus. Die Dachterrasse hier hat einfach etwas umgehend Gemütliches. Überall gibt es allerhand Sofas, Liegen, Stühle und dergleichen. Die Sonne scheint hier rund um die Uhr. Die Bewohner der anderen beiden Unterkünfte des Hauses treffen sich hier immer mal zwischendurch und Jeder hat Zeit für einen Plausch.

Heute geht es ab in die Stadt und zu einigen Sehenswürdigkeiten in Fußnähe. Wobei man sich hier nicht verschätzen sollte mit ein paar Kilometern. Die Straßen sind teilweise recht steil und die Sonne scheint ebenso gerade in die Straßen herein. Es ist ungleich wärmer als in Havanna und das Flair und die Stimmung ist auch etwas anders. Es ist alles sehr viel karibischer und ich merke die Einflüsse aus der Dominikanischen Republik. Die Menschen sind vieler unterschiedlicher Couleur. Ganze Geschwader von Motorrollern knattern durch die engen Gassen der Stadt und ich bin gut beraten die Augen offen zu halten. Am Straßenrand bevorzugen die Menschen hier die Schattenseite und tratschen, verkaufen allerhand Sachen oder aber spielen eine Partie des sehr beliebten Dominos. Auch hier wird es mit zunehmender Dauer des Spiels lauter.

Ich wohne ganz in der Nähe des *Parque Cespedes*. Überhaupt gibt es hier so einige kleine und große Parks oder Plätze, die zum verweilen einladen. Darüber bin ich auch sehr dankbar, denn Leute beobachten finde ich oft sogar interessanter, als in irgendwelche Museen oder Kirchen zu gehen.

Der *Parque Cespedes* ist das Herz des historischen Stadtkerns und Jeder kennt ihn. Viele Geschäfte gibt es auch auf *Enramada* bzw. *Jose Antonio Saco*, je nachdem, ob ich die Leute oder die Karte frage.

Ich gehe Richtung Bacardi Museum, wo ich mir erhoffe, ein bisschen geschichtlichen Hintergrund gemixt mit guten Spirituosen serviert zu bekommen. Ich will hereintreten. Die Dame am Empfang zu meiner linken macht jedoch gerade ein Nickerchen. Vielleicht war die Nacht für sie etwas lang gewesen. Ich will keine schlafenden Hunde wecken und nehme die Einladung an. Als ich mich drinnen umsehen möchte, fragt mich jemand nach dem Eintrittsticket. Ich gebe zu meiner Verteidigung an, dass ich mein Entgelt nicht entrichten konnte, da die gute Frau gerade schläft. Aber ich werde wieder zurückgeschickt, soll die Frau wecken und mein Geld loswerden. Das ist hier manchmal wirklich in der Tat gar nicht so einfach wie in Deutschland. Ich klopfe auf den Tisch und

entschuldige mich ob der Belästigung. Ob sie so freundlich sei, mir ein Ticket zu verkaufen. Im Halbschlaf macht
sie ihre Handgriffe. Ich wünsche ihr dann noch eine gute
Nacht, woraufhin ihr noch ein Lächeln entfährt. Der Eintritt ist hier übrigens meist günstiger als das Entgelt für
die Kameranutzung.

Das Museum steht sinnbildlich für viele Museen hier auf
Kuba. Es fehlt einfach komplett das Thema und es wird
ein bunter Mix aus Allem präsentiert, was gerade so zur
Hand ist. Viele Waffen, Schwerter, Büsten, Bilder und
auch eine ägyptische Mumie stehen hier zur Schau. Der
erste Stock ist ausschließlich der Kunst vorbehalten. Das
Geschäft läuft heute wohl etwas schleppend, da ich un-
gelogen der einzige Besucher hier bin. Ohne eine Ge-
schäftsbilanz vorlegen zu müssen, kann man den Tag
halt auch schon mal ruhiger angehen lassen.

Der eigentliche Höhepunkt für mich liegt jedoch ein wenig weiter außerhalb. Die *Moncada Kaserne*, welche
heute als Schule fungiert, ist für Geschichtsinteressierte
ein Muss. In der Schule ist ein Museum. Hier fand 1953
der erste Revolutionsversuch statt. Der war aber im Gegensatz zum Zweiten nicht von Erfolg gekrönt. Die
Sicherheitsleute passen genau auf, dass ich auch nur den
Weg zum Museumsteil benutze und keinen Meter weiter gehe. Gegenüber vom Eintrittsbereich des Museums
kann ich in ein Klassenzimmer schauen, in dem gerade
Unterricht stattfindet. Ein ganz normaler Klassenraum

ohne Schnickschnack. Die circa fünfzehn Angestellten in dem Museum sitzen immer in den Einflugschneisen der Ventilatoren, da auch hier Hitze herrscht. Die fünf CUC für die Kamera spare ich mir erneut und mein fotografischer Hüftschuss erweist sich als probates Mittel gegen sozialistische Wucherpreise. Neben Karten und Fotos gibt es auch allerhand Waffen zu bestaunen. Im Eingangsbereich ist noch eine Ecke mit Waren, die zum Verkauf stehen. Ich mache mein unterschlagenes Kamerageld wieder wett und investiere in Che Guevaras Tagebuch aus Bolivien. Da es auf Spanisch ist, stellt es eine klare Herausforderung dar. Aber das Einleitungswort vom Chef Fidel Castro persönlich trieft vor so viel Pathos und Lobpreisung, dass ich nicht nein sagen kann. Abseits davon ist es aber soweit unverfälscht. Ein Tagebuch kann ich hier wahrscheinlich noch eher kaufen als irgendwelche Lobeshymnen in Form von Biographien, Geschichtsbüchern und anderen einseitigen Lobgesängen.

Erwähnenswert sind noch die am Abend servierten Garnelen. Ich habe es abgesehen von Fisch meist nicht so mit den ganzen Meeresfrüchten, aber diese sind frisch und lecker zugleich. Ana hat es einfach drauf.

Das Tal der Obskuritäten

Nachdem ich mir gestern mal einen autofreien Tag gegönnt habe, geht es heute zu einem Ausflug aus der Stadt heraus und hoch hinaus. Die Innenstadt umfahre ich großräumig, um nicht aus Versehen ein paar Mopedfahrer abzuräumen und meine Nerven zu schonen. Das Ziel ist ein großer Stein, auch im Spanischen wörtlich mit *gran piedra* bezeichnet. Er liegt auf circa 1200 Metern Höhe, jedoch kann man die ersten 1100 Meter mit dem Auto überbrücken. Es ist aber jetzt schon zu sehen, dass mir die Weitsicht heute verwehrt bleiben wird, da die Berge wolkenverhangen sind.

Ich nehme noch eine junge Frau mit, die mit ein paar Blumen unten am Straßenrand steht. Hochlaufen ist nur für absolut Hartgesottene zu empfehlen. Die Straße ist übrigens entgegen den Angaben im Lonely Planet gut befahrbar, wenn auch steil und kurvig. Die Frau betreibt hier ganz in der Nähe einen *paladar*, also ein privates Restaurant. Das Maximum an Privatisierung, was der kubanische Staat zulässt. Das Konzept kommt bei Einheimischen wie auch Touristen gut an.

Oben angekommen muss ab einem größeren Restaurant der restliche Weg mittels einiger hundert Treppen bewältigt werden. Die Kühle der Berge ist zwar erfrischend, aber auf dem Weg nach oben komme ich dennoch ins

Schwitzen. Ca. alle einhundert Stufen sitzt ein Händler mit allerhand Kram, den er an den Mann oder die Frau bringen möchte. Ketten, Armbänder, Holzschnitzereien und anderer dekorativer Nippes stehen zum Verkauf. Auch hier ist nicht viel los und ich treffe oben bloß drei weitere Personen. Den Straßenhändler mit dem schlecht funktionierenden Radio nicht mit eingerechnet. Bei den drei Personen stellt sich heraus, dass es sich um einen Deutschen mit seinem kleinen lokalen Harem handelt. Ich treffe hier wirklich überdurchschnittlich viele Deutsche. Die beiden Frauen sind Schwestern und die eine davon ist wohl seine Freundin oder Frau.

Der eigentliche Ausblick vor Ort ist aufgrund des Wetters nicht so berauschend, aber die Szenerie hat ihren eigenen Charme und es ist auch einfach mal wieder nett, frische Bergluft zu atmen. Oben stehend danke ich in Abwesenheit noch kurz den Erbauern der Straße.

Ich mache mich gerade wieder an den Abstieg, als meine Haut punktuell feucht und kalt wird und ich eine Art Rauschen vernehme. Mich kurz sammelnd stelle ich fest, dass es Regen ist, den ich schon Wochen nichtmehr gesehen habe und darum auch nicht traurig bin. Unten angekommen schaue ich mir noch ein wenig gedankenverloren den Regen an, während ich auf dem Sims am Eingang des Restaurants sitze.

Die drei Besucher von vorhin kommen auch unten an und der Deutsche lädt mich noch zu einem Getränk ein.

Da bin ich nicht abgeneigt. Es ist irgendwie ein komisches Trio. Er ist zum elften Mal hier und wird von seiner schwangeren Freundin und ihrer Schwester begleitet. Soweit so gewöhnlich. Jedoch passt hier einiges nicht. Er macht den Eindruck, als wäre das für ihn einfach nur ein weiterer netter Urlaub in einem schicken Hotel. Zudem versteht er auch kein Wort Spanisch. Sie nimmt sich trotz ihrer Schwangerschaft schon am Mittag die Freiheit für ein Bier und eine Zigarette. Sie spricht kein Deutsch. Die beiden Schwestern scheinen zudem bemüht, ihm möglichst viele Scheine aus der Tasche zu entlocken. Sie machen auch ab und an ein paar Witze über ihn, über die sie dann selber lachen.

Als der Regen nachlässt, fahre ich wieder ein Stück hinunter. Auf dem Weg ist noch ein botanischer Garten. Im Grunde eine private Blumenzucht, wo auch Führungen angeboten werden. Hier noch von der Chefin persönlich. Die Bremse glüht ordentlich, als ich wieder unten an der Straßengabelung ankomme. Wenn man Zeit hat und ausgefallene Sachen mag, ist ein Abbiegen nach links zu empfehlen. Hier führt eine Straße größtenteils an der Küste entlang, bis zu einem Militärcheckpoint, an dem ich wieder umdrehen „darf". Die restlichen Sehenswürdigkeiten hat der Reiseführer eher kurz und knapp als Obskurität beschrieben. Kaum verfehlbar ist das *Valle de la prehistorica*. Es ist schwer zu beschreiben aber im Grunde handelt es sich um ein Tal, in dem allerhand prähistorische Modelle von Tieren und Menschen stehen inklusive Dinosauriern, Elefanten und Büffeln. Das Ganze ist das Werk von Strafgefangenen, die man wohl einfach zum Zeitvertreib hier an die Arbeit geschickt hatte. Die Neandertaler sind aber schon leicht am Abbröckeln, da das Tal schon vor einiger Zeit errichtet wurde. Nicht unbedingt ein Grund um nach Kuba zu kommen, aber irgendwie hat es seinen eigenen Reiz. Man kann auch einfach herumlaufen und alles anfassen und dämliche Fotos schießen. Wenig später folgt noch ein Museum mit gut erhaltenen Autos aus den USA der fünfziger Jahre. Das wäre an sich eine tolle Sache, würden die Dinger nicht einfach überall auf der Straße herumfahren. Aus meiner Sicht also überwiegend sinnfrei. Dann kommt nicht mehr viel bis zum Checkpoint, außer der wirklich eindrucksvollen Küstenstraße, die sich am karibischen Meer entlang zieht. Genussvoll.

Wieder „zu Hause" schmiede ich meine Pläne für den morgigen Tag, zum südlichsten Punkt der Insel zu fahren. Das ist schon nicht gerade um die Ecke, aber eine Straße direkt an der Küste scheint die Fahrt lohnenswert zu machen. Ana hält das aber für keine gute Idee überhaupt in diese Richtung zu fahren, da die Küstenstraße derzeit weitestgehend eine Schlaglochansammlung ist. Dort wo halt noch Straße übrig geblieben ist, denn der Sturm Sandy hat wohl die malerische Küste arg in Mitleidenschaft gezogen. Das passt mir garnicht, aber Ana meint es seien mindestens fünf bis sechs Stunden für die einfache Fahrt. Das klappt also nicht. Da ich in der Gegend noch mehr sehen möchte, wird umdisponiert. Ein Tag weniger hier und dafür zwei Tage in Manzanillo. Wenn Kubaner schon vor der Straße warnen, sollte ich wahrscheinlich dem Wort Gehör schenken. Für die weitere Planung des morgigen Tages tue ich es den meisten übrigen Leuten gleich und setze mich mit einem alkoholischen Getränk auf eine Parkbank und schaue mir das Treiben an.

Interessant ist hier die Art der Fortbewegungsmittel. Da die Busse immer überfüllt sind, gibt es private Sammeltaxis. Das sind mehr oder weniger umgebaute Oldtimer, in die dann locker acht bis zwölf Leute einsteigen. Das Beste daran ist, dass dann wirklich noch die Tür zu geht. Manche Sitze wurden einfach hinten an das Auto angeschweißt, womit man buchstäblich direkt über der Straße schwebt.

Wer es eilig hat und höchstens mit Kind oder Einkaufstüten unterwegs ist, nimmt das Motorrad. Einen Helm gibt es nur für eine Person, aber das ändert an der Geschwindigkeit nichts.

Direkt im *Parque Cespedes*, was mehr oder minder einfach ein Platz ist, steht ein schickes Hotel. Die Gäste trinken sich auf dem erhöhten Balkon ein Gläschen und die meisten Einheimischen eine Etage weiter unten im Park. Es erklingen Gitarren und auch Darbietungen ganzer

Bands, welche sich hier versammelt haben, um den Abend musikalisch zu untermalen. Hier kann ich mich im Vergleich zu Havanna auch einfach mal niederlassen, ohne direkt irgendwas verkauft zu bekommen. Denn eigentlich habe ich gerade auch kein Interesse an Waren oder Dienstleistungen sondern genieße den stimmungsvollen Abend, der hier kaum abkühlt.

Man sieht sich immer zweimal im Leben

Da meine Reise gen Westen ja erstmal verschoben worden ist, mache ich mich heute auf den Weg zu der Befestigungsanlage *El Morro* ein Stück südlich von Santiago. Die Festung liegt direkt am Hafeneingang und ist über eine steile Straße zu erreichen. Mitten im Hafenbecken liegt eine kleine Insel, über die ein paar ebenso kleine Wölkchen herziehen. Die Anlage selber ist recht übersichtlich, um nicht zu sagen klein. Kein Vergleich mit ihrem großen Bruder in Havanna. Der Eintritt ist mit ein paar Pesos machbar. Für eine Videokamera werden allerdings fünfzig CUC fällig. Absolute Mondpreise in einer Zeit, wo jedes Handy Videos drehen kann. Und so eindrucksvoll ist das Ganze hier jetzt auch nicht, als dass es ein paar Fotos nicht tun würden. Da muss man ganz klar die Kirche im Dorf lassen.

Am Eingang treffe ich dann noch meinen Spezi von gestern mit seiner Freundin nebst Schwester wieder. Noch viel besser ist aber, dass ich auch genau dort am Eingang Ilya treffe, den ich schon von meinem letzten Abend aus Havanna kenne. Am besten ist aber, dass er hier gestern die Holländerin Inge getroffen hat, mit der ich mich ja in Viñales verabredet hatte. Wie konnte er nur so nachlässig sein und nicht wissen, wo sie wohnt. Wie dem auch sei, trifft man sich immer zweimal im Leben, manchmal auch direkt kurz hintereinander.

Ich nehme Ilya auf dem Rückweg im Auto mit und wir halten noch an einer Lagune, die praktischerweise direkt an der Straße liegt. Abkühlung ist zu viel gesagt, denn das Wasser hat wirklich Badewannentemperatur. Aber für eine Abwechselung zum Liegen in der Sonne reicht es prima aus.

Wir beschließen die von hier aus gut sichtbare Insel zu besuchen, die auf den Namen *Cayo Granma* hört. Schon als wir an der Straße zum Steg halten, werden wir empfangen. Wie freundlich. Ich glaube aber eher, dass der gute Mann das Geld riecht, welches mein Mietwagen verströmt. Er bietet an, dass die Frau auf der anderen Straßenseite in dem Café auf das Auto aufpasst, während wir uns in Ruhe die Insel anschauen können. Das sorgt jedoch für mehr Erheiterung als zunächst angenommen, da die gute Frau aufgrund des wahnsinnigen Andrangs in ihrem Etablissement kaum die Augen aufhalten kann. Sie nimmt meine Bemerkung aber ebenfalls gelassen und mit Humor. Ab auf den Kahn zur Insel.

Irgendwie meine ich etwas von einer Fantasieinsel gelesen zu haben, aber ich weiß nicht so recht. Die Anziehungskraft des Eilandes bleibt bei mir aus. Es ist eins dieser Dinge im Leben, wo man erst bei näherer Betrachtung feststellt, dass die Idee schöner als die eigentliche Sache ist. Soll heißen, dass die Insel von Weitem schicker aussieht als von Nahem. Man ist in zwanzig

Minuten auch locker um das Schmuckstück herumgelaufen und kann noch auf dem „Gipfel" der Insel eine kleine Kirche begucken. Es gibt dort auch was zu essen, aber wir haben mehr Durst als Hunger. Abhilfe schafft eine kleine Bude an der Anlegestelle, welche für einen lokalen Peso, also circa drei Eurocent, kühles Zuckerwasser aus Eigenherstellung verkauft. Da das Boot noch auf sich warten lässt, treiben wir uns wie der Rest der Leute an dem Dock herum und schauen den Fischern in ihren Gummireifen bei der Arbeit zu.

Den Typen, der uns vorhin wegen dem Auto angequatscht hatte, nehmen wir noch ein Stück mit in die Stadt. Es wurde ja so wachsam auf das Auto aufgepasst, da kann ich ihm die Bitte nicht abschlagen.

Nach dem Essen in der Stadt gehen Ilya und ich zunächst getrennte Wege und ich nehme auf dem Rückweg noch eine Flasche Rum mit. Die gibt es hier in allen Größen und somit für alle Lebenslagen. Vom Taschenwärmer bis zum großen Schluck ist alles dabei.

Zeitgleich mit meiner Rückkehr ist noch ein älteres Ehepaar aus der Schweiz in der *casa* angekommen. Es wird viel erzählt und etwas übersetzt, damit das mit dem Abendessen auch klappt. Sie erzählen von ihrer Reiseroute, obwohl die meisten Leute, die es bis hierhin schaffen, mehr oder weniger den gleichen Weg nehmen. Da die Insel so langgezogen ist, sind die Möglichkeiten aber auch eher begrenzt.

Mit sich senkender Sonne kommt außerdem wie abgesprochen Ilya vorbei. Ana lässt ihn vertrauensvoll ins Haus, weswegen er mich bei dem Genuss des Rums in Kombination mit den letzten Sonnenstrahlen auf der Dachterrasse erwischt. Naja, was heißt erwischt, sowas ist ja Balsam für die Seele.

Er hält sich ans Bier und wir nehmen kurz darauf Kurs zur *casa de la musica*, um uns hier mal den Rhythmus anzusehen. Von zehn bis zwei Uhr abends wird hier wechselnde Livemusik geboten. Alles meist im gewohnten Stil und ein Mix aus kubanischer, karibischer und lateinamerikanischer Musik. Getrunken wird entweder Bier oder aber es gibt auch direkt das Paket aus einer Flasche Rum mit Cola und Eis für die individuelle Mischung.

Der Spaß und die Lebensfreude die durch den Raum vibrieren sobald die ersten Töne erklingen, sind beispiellos. Keiner kann sich dem Rhythmus entziehen und die Darbietung ist enthusiastisch und mitreißend. Der Heimweg ist irgendwie länger als der Hinweg. Wir vereinbaren noch lose ein Treffen für morgen, da ich für den letzten Tag hier noch nicht wirklich Pläne habe.

Das aufgeschwatzte 1 CUC Taxi

Die kalte Dusche spült die Nacht herunter und revitalisiert mich. Manche Dinge werden einfach nicht alt. Ilya ist nicht aufgetaucht. Wird schon seinen Grund haben und vielleicht habe ich da gestern auch einfach etwas nicht richtig mitbekommen, da wir doch beide leicht einen im Kahn hatten. Ich beschließe alleine loszuziehen und noch ein paar Straßenmotive einzufangen. Wer in der Straßenfotografie zu Hause ist, findet hier ganz klar sein Eldorado. Alles ist lebendig, menschlich und vibrierend und ein Großteil des Lebens spielt sich einfach draußen ab. Manche Leute sind zwar etwas überrascht, wenn man sich mehr für sie als für irgendeine Kirche oder eine Skulptur interessiert, aber die Meisten nehmen es freundlich auf. Jeden Tag passiert auf der gleichen Straße etwas anderes.

Ich bin aber auch auf der Suche nach dem Internet, was wesentlich schwieriger ist. An der Geschäftsstelle der Telefongesellschaft am Park ist zwar eine lange Schlange, aber das Internet geht gerade nicht. Bevor ich mich draußen anstelle, rufe ich einfach mal hinein und frage, ob das Internet überhaupt geht. Oft spare ich mir das Warten dann. Fündig werde ich im *Hotel de Santiago*, welches sich unwirklich gen Himmel ragt und mit ganzen fünf Sternen aufwartet. Es hat eine echt miese Lage an einer Hauptstraße etwas ab vom Zentrum.

Für sechs CUC die Stunde haue ich in die Tasten und schreibe vor Begeisterung so lange E-Mails, wie ich es noch nie getan habe. Den Timer in der Ecke, welcher meine Zeit herunterzählt, immer im Auge behaltend. Das Hotel könnte an jedem anderen Ort der Welt stehen und hat nicht im Entferntesten etwas mit Kuba zutun. Da hier auch kein Strand ist, erschließt sich mir die Zielgruppe dieser Anlage nicht. Aber zum Glück wird hier noch einfach gebaut, ohne vorherige Analyse des Marktgefüges. Wenn da ein Hotel hin soll, dann wird eins gebaut und gut ist.

Die Preise für holzgeschnitzte Souvenirs sind gesalzen.

Ein ganzes Stück die belebte Hauptstraße hinunter fühle ich mich schon wieder wie zu Hause. Ich bin am örtlichen *Plaza de la Revolucion* angelangt. In der schweißtreibenden Mittagssonne ist der Platz eher verlassen. Bei näherer Betrachtung offenbart sich, dass es sich eher um eine revolutionäre Baustelle handelt, da gerade saniert wird.

Das Museum ist ebenfalls geschlossen. Zwei Leute, welche vor der Tür sitzen, sind exklusiv für die Preisgabe dieser Information verantwortlich. Sowas unpersönliches wie ein Schild kommt hier garnicht in die Tüte. Ich mag das, weil es ganz gegen unsere strukturierte und kostenoptimierte westliche Weltanschauung geht.

Der Rückweg verspricht lang zu werden. Das sieht mir wohl auch ein Besitzer eines Fahrradtaxis oder *bicitaxis* an, spricht mich an und möchte mich mitnehmen. Ich erlaube mir, den Mann und sein Taxi genauer zu beschreiben. Das dreirädrige Gefährt besitzt abgefahrene Reifen, das Polster ist bereits von Jahren der Abnutzung aufgeplatzt und der Schaumstoff quillt hervor. Der Sonnenschutz hängt an einer Seite herunter, sodass der Fahrer ganz in der Sonne sitzt und nur der hintere Platz für den Gast im Schatten liegt. Er bremst mit dünnen, uneben abgelatschten Sandalen. Er ist schwarz und trägt ein gestreiftes aber viel zu großes Unterhemd für seinen dürren Körper.

Ich kann es mir anfänglich nicht vorstellen, dass er meinen reichen, dicken Hintern mühsam die Anhöhe bis zur Innenstadt hochstrampelt. Mir hätte nur noch die Peitsche gefehlt, um das Bild zu komplettieren. Ich lehne also ab und gehe weiter. Er bleibt hartnäckig.

»Ich habe Familie. Du hilfst mir damit. Für einen Peso fahre ich bis zum Park im Zentrum. « Ein Peso sind gegenwärtig fünfundsiebzig Eurocent und die Strecke geht drei Kilometer bergauf in der Sonne mit einem klapprigen Dreirad. Ich überlege und komme zu dem Schluss, dass es ihm wohl helfen würde weil er etwas verdient und mir Erleichterung verschafft. So steige ich doch auf und er legt sich in die Riemen, dass das Gefährt nur so ächzt. Er findet auch noch Luft, um mir ein paar Ecken der Stadt zu erklären. Der Schweiß rinnt ihm hinunter.

Er kommt dann kurz vor dem Park zum Stehen und ich

gebe ihm fünf CUC in die Hand. Ich will mich nicht rühmen, was für ein wohltätiger Gutmensch ich doch bin, aber sein Gesichtsausdruck gibt mir direkt zu verstehen, dass es den Richtigen getroffen hat. Er hat Leistung gezeigt und vor allem hat er nie nach mehr gefragt. Mit dem einen CUC wäre er auch wieder gefahren und das ist mir wichtig.

Plump auf der Straße nach einem CUC fragen ist was anderes.

Das einzige Problem was ich damit habe ist, dass ein Arzt für den gleichen Lohn vom Staat ein paar Tage arbeiten muss. Ich trage also nicht gerade zur Stabilität des Systems bei aber dafür zum Lächeln des Mannes. Das geht schon in Ordnung.

Zurück an meiner Unterkunft begrüßt mich auf der Terrasse ein älteres Paar aus Mexiko mit einem kanadischen Pass und Geld auf den Bahamas. Und ich mache mir Gedanken um fünf CUC. Davon mal abgesehen, verliere ich langsam den Überblick, wer sich hier vor meiner Tür auf der Terrasse so herumtreibt.

Die Beiden haben schon einige Länder bereist. Er stammt aus Lettland, wo sie im Mai Ferien machen werden. Er lebte nach dem zweiten Weltkrieg sechs Jahre in Deutschland. Sie wollen auch gern mal von Ecuador hinunter nach Argentinien. Kann ich nachvollziehen. Wäre ich auch nicht abgeneigt. Ich stelle mehr und mehr fest, dass ich mit sechs Wochen Kuba nicht der erhoffte König der Individualreisenden bin.

Ich esse mit ihnen zu Abend und es lässt sich bestens über Kuba, Geschichte, Zukunft und das Leben an sich philosophieren. Ich liebe anregende Gespräche und die Sicht der anderen Leute auf das Leben und warum man herumreist, obwohl man zu Hause ein bequemes Sofa hat.

Ich schaue noch auf die Karte und plane die morgige Route über Guantanamo ganz in den Osten nach Baracoa. Es gibt nur eine Straße dorthin, was die Lage vereinfacht. Ich freue mich auf die nächste Stadt, auch wenn mir Santiago mit seinen Bergen, seinem warmen Meer und karibischen Flair ans Herz gewachsen ist.

Der Weg ist das Ziel

Es wird zum Abschied aus Santiago und somit auch aus meiner Unterkunft ein Foto geschossen mit den Damen des Hauses. Denn Herren gibt es hier nicht. Ein illustrer Haufen. Da alle gerade so schön aufgereiht sind, packen auch andere Gäste die Gelegenheit beim Schopfe.

Mein Handy gibt sich seit kurzem nicht mehr mit handelsüblichem Strom aus der Steckdose zufrieden sondern will exklusiv vom Auto geladen werden. Zusammen mit der Tatsache, dass es ab einer gewissen Temperatur hinter der Windschutzscheibe garnicht mehr lädt, ergibt das eine erschwerte Navigation aus der Stadt hinaus. Ist man aber einmal auf der Straße Richtung Guantanamo, kann man Baracoa nicht verfehlen. Die eine existierende Straße ist alternativlos, wenn man nicht fliegen oder den Wasserweg bestreiten möchte. Letzteres war übrigens lange Zeit die einzige Möglichkeit um nach Baracoa zu kommen, da die Straße erst in den sechziger Jahren gebaut wurde.

Mein Abstecher nach Guantanamo kommt an einem vorgelagerten Checkpoint zum Stehen. Eine Weiterreise sei nur mit entsprechenden Dokumenten erlaubt. Heißt übersetzt, dass für die Weiterreise ein paar Pesos Schmiergeld im Reisepass von Nöten wären. Das ist es mir aber nicht wert und grimmige U.S. Amerikaner hätten auch garnicht zu dem schönen Tag gepasst. Der Polizeibeamte spricht übrigens gutes Deutsch, wenn auch mit leichtem Akzent aus den jungen Bundesländern, um das mal so auszudrücken.

Generell sind die Kontrollen hier recht streng und überall stehen auch Schilder welche signalisieren, dass die Polizei hier in der Gegend die Hose voll hat. »Erhöhte Alarmbereitschaft«. Wohl etwas übertrieben. Die Einheimischen, welche ich im Auto mitnehme, werden aber meist stärker und genauer kontrolliert als ich. Mit einem deutschen Reisepass bin ich fein raus. Gänzlich eliminieren lässt sich das Problem, indem ich selber Polizisten mitnehme. Diese haben meist ebenfalls kein Auto auf dem Weg zur Arbeit und sind dankbar für die Mitnahme. Etwas weiter wird aus der Straße ein staubiges Nadelöhr, da gerade Bauarbeiten stattfinden. Der Rest der Strecke ist allerdings etwas für Feinschmecker und solche die es werden wollen. Zunächst passiere ich noch nah an der Küste rechts das karibische Meer, welches in Abstufungen von hell- bis tintenblau reicht, während bereits erste Felswände linker Hand vorrausschicken, dass es gleich hoch hinaus gehen wird. Ich verlasse die Küste und somit das Meer und es signalisieren Schilder, dass sich die Straße jetzt ordentlich in die Höhe schraubt. Man solle wenigstens vorher einmal die Bremsen auf Funktionstüchtigkeit testen, gibt eines der Schilder zu bedenken. Die Straße windet sich eng, steil und unübersichtlich zwischen den Berghängen umher und verlangt nach Aufmerksamkeit. Genauso wie die weite, bergige und saftig grüne Landschaft.

Man soll übrigens nicht denken, dass diese Strecke Busse oder LKWs aus vergangenen Tagen davon abhält, den Pass gut gelaunt zu überqueren. Wenn mir die Hupe entgegenschallt, ist Vorsicht geboten.

Im Grunde ist der Verkehr aber recht dünn, umso zahlreicher sind die Leute am Straßenrand, welche an mehr oder minder übersichtlichen Stellen ihre Waren feilbieten. Das Angebot reicht von Holzschnitzereien über Zwiebeln, Früchte und andere lokale Köstlichkeiten.

Insgesamt ist dies mein bisher schneidigster Roadtrip hier. Schade, dass der Rückweg wohl über eine andere Route gehen wird.

In Baracoa, welches sich hinter den Bergen versteckt, als wäre das volle Absicht, hat mich die Stadt wieder. Naja es ist eher ein großes Dorf und sehr übersichtlich, aber dafür dankenswerter Weise direkt am Meer gelegen. Die Unterkunft ist relativ schnell gefunden im Gegensatz zu der in Santiago. Das Haus ist groß und bietet einen Haufen Betten an, welche sich über mehrere Stockwerke verteilen. Man kann zwischen verschiedenen Terrassen wählen. Es ist aber nicht viel los in der Hütte. Die Besitzer sind freundlich und hilfreich, auch wenn Ana aus Santiago die Latte einfach zu hoch gesetzt hat. Mein Zimmer ist im Erdgeschoss. Einerseits muss ich den Koffer nicht weit tragen, andererseits ist in dem Zimmer natürliches Licht Mangelware. Aber ich will hier ja keine langen Abende im Zimmer verbringen.

Ich schlendere durch das Dorf, welches an der Uferstraße, dem *Malecon*, sehr schön anzusehen ist. Baracoa ist deutlich größer als Viñales, aber es ist trotzdem schwer sich zu verlaufen. Hier gibt es gerade ein kleines Straßenfest für die Kinder, wo sich aber Menschen jeglicher Altersklassen zu amüsieren wissen. Ich schaue mir das Treiben an, während die Sonne mir den Rücken wärmt.

Das Essen ist hier, wie mir bereits gesagt wurde, schon etwas anders im Vergleich zu Santiago. Das Dorf war halt relativ lange nicht über den Landweg zu erreichen und somit hat man hier sein eigenes Süppchen gekocht. Der Geschmack ist eher natürlich und das Essen unterscheidet sich mehr in der Zubereitung als von den Zutaten her. Das ändert nichts an der Tatsache, dass mir als einzelne Person auch wieder zehn Teller aufgetischt werden. Es ist ganz klar zu betonen, dass man hier keine feine Küche oder ausgefallene Speisen zu erwarten hat. Es ist eher einfach und die Portionen reichhaltig. Wenn ich bedenke, dass das Land viele Nahrungsmittel importieren muss, würde aber auch die Hälfte des Essens für mich reichen. Ich möchte die Gastgeber natürlich auch nicht in Verlegenheit bringen, indem ich wenig esse und nicht wenigstens alles einmal probiere.

Salina, die Chefin im Haus, spreche ich noch auf mein

Vorhaben ganz nach Osten zu fahren an. Sie meint, dass es aufgrund der Straße schwierig wird und es gar keinen Grund gibt dorthin zu fahren. Da ist auch nicht viel. Ich werde mein Glück trotzdem in den kommenden Tagen versuchen. Ich habe mir bereits gedacht, dass dort keine gut ausgebaute Autobahn hinführt. Es läuft also alles wie erwartet.

„Straße" ist ein dehnbarer Begriff

Keine Katze. Kein Hahn. Kein Verkehr. Nichts hat meine Nachtruhe gestört. Vom Feinsten.

Das Frühstück fällt erwartungsgemäß reichhaltig aus, auch wenn das Baguette locker als Nahkampfwaffe durchgeht. Ich bin als Deutscher aber einfach verwöhnt bei allem was Brot oder Brötchen angeht.

Mein heutiges Ziel ist der Alexander von Humboldt Nationalpark, ein Stück nordwestlich von hier. Es mögen vielleicht dreißig Kilometer sein und ich steige frohen Mutes in mein Auto. Die Straße zerfällt aber kurze Zeit nach dem Verlassen von Baracoa in alle Bestandteile. Binnen weniger hundert Meter ist sie einfach weg. An Abwechslung fehlt es nicht, denn Sand, Schotter, Steine und Schlaglöcher geben sich die Klinke in die Hand. Das volle Programm, weswegen die Straße auch als eine der Schlechtesten hier in der Gegend verschrien ist. Ohne Zweifel zu Recht und so kratze ich zum ersten Mal auch mit dem Unterboden des neuen Wagens über den steinigen Weg. Nach einer gefühlten Ewigkeit von einein- halb Stunden und hellwach komme ich am Besucher- zentrum des Parks an.

Dort ist bereits eine andere Gruppe von sechs Leuten, welcher ich ohne Große Umschweife auch zugeteilt werde. Die Leutchen haben sich bereits für die verkürzte

Tour von zweieinhalb Stunden entschieden, was mir jetzt auch grad nicht ungelegen kommt.

Eine Frau aus der Gruppe spricht rudimentär Spanisch und fragt Nonchalance in ihre Runde, ob ich jetzt hier auch noch mitkomme. Ich antworte direkt zurück in ihrer deutschen Muttersprache, dass das schon so richtig sei und ich Tobias heiße. Sprache verbindet und so tauschen wir uns direkt über allerlei Sachen aus. Es sind drei Pärchen mit teilweise ordentlich schwäbischem Akzent. Als ich erzähle, dass ich schon drei Wochen mehr oder weniger allein auf der Insel mit dem Auto herumfahre, wird erstmal ein bisschen gefragt. Was denn so sehenswert ist oder worauf man achten sollte. Solche Fragen beantworte ich natürlich immer gerne.

Die Tour führt durch dichten Dschungel, grüne Lichtungen und an kristallklarem Wasser vorbei. Sanfter Waldboden wechselt sich mit rutschigen schmalen Wegen ab. Der gute Mann der uns hier herumführt ist, wie sich herausstellt, einer der Gründerväter des Nationalparks von Ende der neunziger Jahre. Sein Wissen ist fundiert und zudem ist er auch ein lustiger Zeitgenosse, der sich den einen oder anderen Spaß nicht nehmen lässt. Die ganzen Vogelarten klingen zwar nett, aber kenne ich die Meisten weder auf Spanisch noch auf Englisch oder Latein. Die Tour kostet bei circa drei Stunden zehn CUC und ist wirklich ihr Geld wert. Vorausgesetzt man nimmt die beschwerliche Anreise auf sich. Die verschiedenen

Arten der Flora und Fauna sind teilweise endemisch und für einen Laien wie mich einfach schön anzugucken und zu erleben. Der Nationalvogel Kubas, der Tocororo, welcher durch seine prächtige weiß-rote Brust auffällt, gibt sich die Ehre.

Gegen Ende des Rundgangs ist noch geschickt ein kleiner Stand postiert inklusive einem Mann mit Machete, der bereits auf Kundschaft wartet. Er sieht bis auf seine Brille wirklich so aus, als würde er hier den ganzen Tag am Wegesrand verbringen und warten, dass zufällig ein paar Leute kreuzen. Die mit dem Säbel aufgeschnittene Frucht schmeckt und erfrischt.

Auch klärt sich nun auf, was schon die Leute auf der Straße nach Baracoa verkaufen wollten. Eine kegelförmige, mit Palmblättern zugeschnürte lokale Köstlichkeit. Sie ist sehr süß mit Karamellzucker und Kokosgeschmack. Das ganze Unternehmen steht und fällt also damit, ob man Kokos mag oder nicht. Ich lasse es mir nicht entgehen.

Auf halbem Weg zurück von dem Park biegen wir von der Schotterpiste nach links ab zu einem entlegenen Strand. Die Gruppe hat für den Tag einen Jeep nebst Fahrer gemietet. Man sitzt dann aber eher eingepfercht hinten drin und freut sich über jeden Augenblick ohne Huckel oder Schlagloch. Ergo hat man nicht sehr viel Freude und deswegen nehme ich das älteste Paar in meinem Auto mit zu dem Strand. Ich will Niemandem zu nahe treten, aber das Mehrgewicht des Wagens wirkt sich nicht gerade positiv auf den Federweg aus. Dafür kenne ich nun die Straße schon etwas, sodass ich nur noch selten über den Boden schramme. Wenn, dann aber effektvoll.

Am Strand angekommen stelle ich erstmals fest, was für eine Anziehungskraft doch eine Reisegruppe auf Verkäufer aller Art hat. Am Strand ist echt nicht viel los aber auf einmal kommen Leute mit allerlei Kram um die Ecke und preisen ihr Gedöns an. Die Frauen kümmern sich darum und inspizieren Truhen, Kochlöffel, Schnitzereien, Schmuck, Bananen, Mangos, Cocktailstößel und vieles mehr. Die Auswahl ist besser als in manchem Kaufhaus.

Nebenbei möchte ich den Strand noch etwas beschreiben, weil die meisten Menschen immer das gleiche Bild vor Augen haben, wenn man von einem Strand in der Karibik schreibt. Hier gibt es blaues Wasser, feinen Sandstrand und sonnigen Himmel. Soweit so normal. Nicht im Prospekt sind möglicherweise die zahlreichen Hunde, der umherstolzierende Hahn und die Schweinefamilie mit denen wir uns den Strand teilen.

Nachdem der Handel abgeschlossen ist und die Tiere sich auch wieder in den Schatten verkriechen, erfahre ich noch, dass die Truppe morgen den Hausberg *el yunque* besteigen will. Er heißt „der Amboss", weil er wirklich platt wie mit einem Hammer geformt gut sichtbar aus der Landschaft herausragt.

Mein Plan für morgen ist eigentlich der östlichste Punkt Kubas. Da ich aber aufgrund der maroden Straße auch wieder die Südroute für meine Rückreise wählen werde, komme ich dort mit einem Abstecher eh vorbei. Ich verschiebe also das Vorhaben und stimme zu. Wandern war hier zwar eigentlich nicht geplant, aber wir reden ja auch nicht von den Alpen. Später in Manzanillo muss ich eh noch hoch hinaus, da kann ich hier schon mal vortesten.

Der Besitzer der *casa* der lustigen Truppe wird das Unternehmen leiten, wofür er auch ein Spanferkel organisieren will, was dann nach dem Auf- und Abstieg genüsslich verspeist werden soll. Ja ach, dann will ich mich nicht beschweren.

Am Abend gibt es dann noch ein gemeinsames Abendessen mit einer Mischung aus Lamm, Reis, Pommes, frittierten Bananen, Salat und Suppe. Ein gar feines Mahl.

Eine Sache ist jedoch noch erwähnenswert. Ein Paar wohnt ein paar Blocks weiter in einer anderen *casa* und so begleite ich sie noch ein Stück nach Hause, da wir den gleichen Weg haben. Wir machen einen kleinen Bogen und gehen neugierig immer lauter werdenden Geräuschen nach, welche den Südteil der Stadt durchdringen. Ein gar wundersames Schauspiel bietet sich unseren großen Augen dar. Geschätzte einhundert bis einhundert fünfzig junger Männer, vorwiegend Schwarze, ziehen zu trommelnder rhythmischer Musik durch die Straßen wie ein wilder Mob. Ohne ein für uns erkenntliches

Ziel. Sie sind uns weder freundlich noch feindlich gesinnt sondern ignorieren uns eher. Uns erschließt sich die ganze Veranstaltung nicht. Ob es nun ein alter Brauch, etwas Religiöses oder ein moderner Flashmob ist, bleibt offen.

Zum Filetieren nehme man die Machete

Zusammen mit meinen Landesgenossen und dem Hausherren machen wir uns auf den Weg zum 575 Meter hohen Berg *el yunque*. Es wird schon mal der Fluss ausgemacht, an dem nachher gefuttert werden soll. Zwei der Leutchen kürzen die Sache direkt ab und bleiben lieber unten. Getreu dem Motto „Wir sind am Ende ja eh wieder hier". Man kann schon vier bis fünf Stunden für die Tour einplanen. Es wird vorsorglich noch Sonnencreme Lichtschutzfaktor Wandfarbe aufgetragen, wovon ich mich persönlich aber bereits distanziert habe. Ich will ja nach sechs Wochen nicht bleich wieder aus dem Flieger steigen.

Der Anfang der Wanderung ist trügerisch, da es zunächst recht flach ist und am Anfang noch durch ein Flussbett geht. Also Schuhe in die Hände und das kühle Nass queren. Danach wird es aber schnell steiler, anstrengender und auch wärmer. Gutes Schuhwerk wird belohnt und ich kratze mit meinen Turnschuhen hart am Limit. Es ist eine gute Idee sich zwischendurch Zeit zum Verschnaufen zu nehmen. Ganz nebenbei bekommt man dann auch mit, was so um einen herum passiert. Kakaobäume stehen am Wegesrand und lassen ihre Früchte bereits zahlreich auf den Weg fallen. Schlangen und allerhand exotisch anmutende Vögel sind ebenfalls zugegen.

Oben anzukommen ist ein gemischtes Gefühl aus Erleichterung, Freude und nassem T-Shirt. Man knubbelt sich ein wenig, da auf den schmalen Aussichtpunkt am Ende des Weges nicht viele Leute passen. Der Ausblick ist wirklich Sahne und lädt zum Verweilen ein. Momente, wo ich mich auch ganz klein ganz großartig fühle.

Herunter geht es schon schwungvoller, auch wenn unser tüchtiger Schritt abermals von einem dort ansässigen Straßenhändler ausgebremst wird. Ein Weiterkommen ohne wenigstens das Warenangebot einmal genauer zu inspizieren ist undenkbar. Die schon gestern ins Auge gefassten Schatullen sowie eine Hand voll Kochlöffel wechseln den Besitzer. Der Händler freut sich. Er mag Deutsche. Die gucken nicht nur, die kaufen auch. Generell ist der Ruf von Deutschen hier recht gut, vielleicht nicht zuletzt aufgrund der gemeinsamen Geschichte.

Anschließend kommen wir dann ein Stück weiter flussabwärts wieder an die Stelle von heute Morgen, wo nun das Schwein unsere Mägen füllen soll. Das Wasser ist angenehm warm, hat eine leichte Strömung und ist somit nach der schweißtreibenden Wanderung ein absoluter Segen. Die Zurückgeblieben haben sich zusammen mit dem Hausherrn sowie drei Damen am Fluss wohl schon gut einen gepichelt und empfangen uns scherzend und gut gelaunt. Die Stimmung ist ausgelassen.

Der Hausherr, schon gehobenen Alters mit grauem aber zumeist vollem Haar, bereitet zusammen mit seinem

Kollegen das Schwein zu. Als Spieß wird ein Stock und als Unterlage ein paar Palmblätter genommen. Sie bedienen sich einfach aus der Natur. Der Duft verspricht Einiges und zum filetieren des Tieres wird eine Machete genommen, die der gute Herr sicher durch die Luft schwingt. Weitere Beilagen runden das Mahl ab. Reis, Bohnen, Tomaten, Orangen und auch ein kühles Blondes werden gereicht.

Dadurch fällt das Abendessen aus und wir ziehen noch ein wenig durch die überschaubaren Straßen von Baracoa. Es ist ein ruhiges und gepflegtes Örtchen. Musik dringt aus den Lokalen und Bars auf die Straßen und trägt zum Rhythmus der Nacht bei. Ich verabschiede mich von der Truppe, da ich morgen weiterreise. Es war sehr unterhaltsam gewesen mit Ihnen, hat mir aber auch gezeigt, dass ich wohl nie in einer größeren Gruppe reisen werde. Zumindest nicht so weit weg. Dafür genieße ich viel zu sehr die Momente, in denen ich alleine und dann auch bei mir bin. Zudem trifft man alleine deutlich mehr Leute als in einer Gruppe und kann sich mal eben irgendwo anschließen oder es auch sein lassen.

Morgen steht dann wieder eine lange Autofahrt nach Manzanillo an, wo ich ja eigentlich garnicht hin wollte. Dafür aber weiß ich jetzt schon, dass ich mich wieder auf die Passstraße freue.

Viertes Kapitel

„Seife?" Na endlich fragt Jemand

Ich stehe um sechs Uhr auf und gefühlt bin ich da im Ort auch der Einzige. Leicht schlaftrunken verabschiede ich mich von meinen netten Hausbesitzern und mache mich in Richtung Süden auf. Hinter Baracoa biege ich nach links mit dem Ziel *Punta de Maisi* ab, welches den östlichsten Punkt der Insel markiert. Alles läuft problemlos, auch wenn es mehr und mehr ländlich wird und die Leute mich in meinem Mietwagen anschauen, als hätte ich mich verfahren.

Vor einer Kurve winkt mir ein Mann zu. Zunächst möchte er mir irgendeine Tour zu einer Höhle oder sonstwas anbieten. Das ist aber nicht mein Begehren. Viel wichtiger ist, dass er mich auf Nachfrage darauf hinweist, dass hinter der Kurve eine sehr steile Straße folgt. Zudem kommt dann vier Kilometer später ein Checkpoint, wo, wie nach *Caimanera,* nur Leute mit entsprechenden Papieren durchkommen. Letzteres ist bestimmt auch mit einer großzügigen Spende in den Ausweispapieren zu regeln. Die Straße macht mir mehr Kopfzerbrechen. Egal, ich nehme Anlauf.

Die Straße ist aber leider recht schlecht und auf dem Schotter bekommt der Wagen keine Bodenhaftung. Die Reifen drehen durch und ich komme mehr und mehr auf der steilen Straße dem Stillstand nahe. Diese Karre ist aber auch für nix zu gebrauchen. Ich beschließe, auf meine Vernunft zu hören und lasse mich langsam wieder zurückrollen. Das ärgert mich schon deutlich. Hätte ich mehr Zeit, würde ich ja einfach laufen. Aber ich habe noch acht bis neun Stunden Fahrt nach Manzanillo vor mir und mache deshalb widerwillig kehrt.

Wenigstens die hier ansiedelnden Leute sollen etwas von meinem Fehlschlag haben. Ich bitte sie zunächst ein Foto von mir zu machen. Zumindest bis hierhin bin ich gekommen. Das Lächeln ist gezwungen. Mehr Leute scharen sich um mich. Ein Tourist geht hier wohl als Attraktion durch. Die Leute fragen mich nicht nach Geld, aber nach Sachen wie Kleidung, Schuhe und Seife. Endlich fragt jemand nach Seife, wovon ich bestimmt sechs Stücke mit mir seit Wochen durch die Gegend fahre in der Hoffnung, auf einen dankbaren Abnehmer. Ich hatte vorher gelesen, dass dieses einfache Gut auf Kuba rar sein soll. Die Frauen sind sichtlich erhellt von meinem Seifenberg. Das ist wohl der Fang der Woche gewesen. Sie bedanken sich herzlich und wir lachen. Das spanische Wort für Seife ist dem für Schinken sehr ähnlich.

Die restlichen acht Stunden nach Manzanillo habe ich mir außer der Fahrt über besagte Passstraße, die *Farola*, jetzt nicht so spannend vorgestellt. Ich treffe aber derart verschiedene Menschen, dass mir ein paar kurze Ausschweifungen nachzusehen sind.

Oben auf der Passstraße gibt es ein paar Aussichtspunkte, wo ich den Blick schweifen lassen kann ohne Angst zu haben, in einen Bus oder LKW zu fahren. Eine der schönsten Stellen dort scheint frei von Verkäufern und ich nutzte die Gunst der Stunde. Denke ich zumindest. Die Gruppe hat sich aber einfach nur etwas weiter unten im Schatten niedergelassen. Als sie mich erspähen, gibt es kein Halten und die Frauen stürmen direkt mit ihrem ganzen Krams zu mir hoch. Bereits noch auf mich zubewegend, preisen sie ihre Waren an. Ich habe jetzt aber weder Hunger auf Schokolade, Kakao noch diese Karamellpyramide mit Kokosgeschmack. Wir unterhalten uns ein wenig, da ich jede Gelegenheit nutze, um mein Spanisch zu verbessern. Ich gebe Ihnen trotzdem ein paar Pesos und wir machen zusammen noch einige Fotos.

Nach Santiago nehme ich noch eine Frau mittleren Alters mit. Ich schätze sie ganz ehrlich eher auf fünfzig, was sie aber hinter einer Wand von Schminke zu verbergen versucht. Kurz darauf verwandelt sie mein Auto erstmal in eine fahrende Parfümerie und will mir auch noch etwas von ihrem betörenden Duft abgeben. Ich habe Mühe die Dame zur Vernunft zu bitten. Sie gräbt mich ganz ohne Umschweife an. Das Ganze kann ich nur aus der Körpersprache ableiten, da es eine der wenigen Personen hier ist, die ich garnicht verstehe. Nicht ein Wort. Das macht die Sache nicht leichter.

Ich denke ich bin aus dem Schneider, als ich das Auto

durchgelüftet habe und Richtung Norden eine Mutter nebst Tochter in den Wagen einlade. Sehr ansehnlich, aber das ist nicht der springende Punkt. Die Tochter schafft direkt Tatsachen und fragt mich in den ersten drei Sätzen, ob ich verheiratet sei oder Kinder hätte. Als das geklärt ist, lädt sie mich ohne Umschweife in ihr Haus ein und fragt nach meiner Nummer. Dass sie bereits ihre Hand auf meine Beine gelegt hat, erwähne ich nur der Klarheit halber. Ich entspanne mich etwas, als die Mutter, welche auf dem Rücksitz Platz genommen hat, sich nach vorne beugt und sich zu der Sache äußern möchte.

»Sie wird ihre Tochter schon wieder zur Vernunft bringen«, denke ich mir. Pustekuchen. Sie hält das für eine ausgezeichnete Idee und macht mir weitere Komplimente. Jetzt mag man sagen, dass man Gelegenheiten beim Schopf packen soll. Ich habe aber auch gelernt, wenn etwas zu gut ist um wahr zu sein, dann ist es das meistens auch.

Ich komme am frühen Abend bei Ruben in Manzanillo an, der hier mit seiner Lebenspartnerin wohnt. Eine Garage habe ich auch und er führt mich direkt in das schickere von beiden Zimmern. Mit Bad, TV, Kühlschrank und einer riesigen Terrasse kann ich absolut nicht meckern. Vom geplanten Dachanbau sind bisher nur eine Handvoll Steine zu sehen. Ruben will offenbar hoch hinaus.

Vor dem Essen schlendere ich ohne große Erwartungen durch die Straßen von Manzanillo, um die Stadt zu erkunden. Dafür, dass ich hier ja garnicht hin wollte, gefällt es mir aber direkt sehr gut. Ich bin angenehm überrascht. Es fühlt sich mehr wie ein großes Dorf an und ich treffe auch nicht einen Touristen in der Stadt. Nicht mal am *Malecon*. Man fühlt sich wie ein bunter Hund. Das Flair hier würde ich als ursprünglich und einladend bezeichnen.

In den Straßen sitzen alte Omas auf ihren Schaukelstühlen und schauen den Kindern beim Spielen zu. Fußball und Baseball ist recht beliebt und bei Letzterem sollte man schon mal aufpassen, wenn der Ball fliegt. Ein Arbeiter verlädt Säcke voller Zwiebeln und eine Ecke weiter wird auf einem abgewetzten Holztisch mit ein paar Schemeln Domino gezockt. Alles wird mit der lokalen Währung bezahlt, weswegen es hier auch sehr günstig ist.

Die Leute fragen teilweise sogar nach Fotos, weil sie interessiert sind. Für Straßenfotografie mal wieder der absolute Jackpot. Ich fühle mich wie Gott in Frankreich. Am *Malecon* stehen alte Fischerboote, die den Kampf gegen das zermürbende Wasser langsam zu verlieren drohen. Die Sonne sorgt bei ihrer Verschmelzung mit dem Horizont abermals für eine weiche, rote Lichtstimmung.

Der Tag schließt angenehm mit Schokoeis als Nachtisch

bei Ruben. Morgen geht es zur *comandiancia* in die Berge, wo die Rebellen ein halbes Jahr ihr Hauptlager hatten. Es heißt es sei die steilste Straße Kubas. Aber nichts wird so heiß gegessen, wie es gekocht wird.

»Der Kühlschrank war nur für Medizin.«
Ne is klar.

Zeitig geht es los Richtung *Santo Domingo* und somit zur *comandancia*. Diese liegt im *Gran Parque Nacional Turquino* und war Aufenthalts- und Rückzugsort der Rebellen Ende der fünfziger Jahre. Nach einem guten Regenguss scheint sich das Wetter glücklicherweise zu halten. Ich lade auf dem Weg noch drei Leute ein, welche es sich gemütlich machen. Nach einigen Kilometern sehe ich auf der linken Seite, wie Touristen gerade von Bussen in Jeeps verladen werden. Das gibt mir lupenrein zu verstehen, dass es jetzt lustig wird und ich nehme schon mal Anlauf zur ersten Steigung. Es ist wirklich schon sehr steil, aber auch mit einem vollen Wagen gut machbar. Zudem macht es einen Heidenspaß das Auto heulend um die Ecken zu jagen. Als es auf dem letzten Stück gut bergab geht, bin ich froh unten angekommen zu sein, da es im Auto verdächtig nach Bremse riecht. Es ist steiler als der *Gran Piedra* aber die Straße ist gut und somit kein Problem.

Bei dem hier liegenden letzten Posten und Touristenzentrum ist aber Schluss mit lustig. Die Weiterfahrt ist ausschließlich mittels zu mietendem Jeep erlaubt. Oder aber zu Fuß, was aber gut zu überlegen ist. Sehr gut. Für fünfundzwanzig Dollar bekomme ich nicht nur den Jeep mit Fahrer und Guide, sondern auch die steilste Straße Kubas geboten. Bis zu fünfundvierzig Prozent Steigung sind nicht ohne und der Vierradantrieb des Suzuki Jimmy ist beschäftigt. Es geht jedoch gemächlich zu, da mehr als Hochgas im ersten Gang halt einfach nicht drin ist.

Nach siebenhundert Metern Steigung kommen noch rund drei Kilometer Fußmarsch, welcher aber entspannt durch saftiges Grün verläuft. Am Aussichtspunkt habe ich einen herrlichen Blick direkt in die Berge der *sierra maestras* hinein, dessen Spitzen in tief umherziehende Wolken gehüllt sind. Trotz der idyllischen Landschaft bezieht die Szenerie natürlich seine Anziehungskraft maßgeblich aus der mitschwingenden Geschichte. Für Interessierte ein Muss. Die Region ist auch zum Bergsteigen geeignet und man kann den höchsten Berg Kubas, den *Pico Torquino*, erklimmen.

Die Tour, für welche ich extra meinen eigenen Führer bekommen habe, verläuft über einige mehr oder weniger verstreute Gebäude und ehemalige Dörfer der Rebellen. Die Ausstattung lässt sich sehen. Eine kleine Klinik, Helikopterlandeplatz, Küche, Friedhof, Zeitungshaus und Wohnhütten. Nicht fehlen darf natürlich das Haus vom Anführer der ganzen Bewegung, die *casa de Fidel*, also das Haus von Fidel. Eine Holzhütte aus Planken sowie einem Strohdach, welches mit Moos bewachsen ist. Links vor dem Haus steht noch eine Bank aus Holzstöcken, die nicht sehr vertrauenserweckend wirkt. Viele

Sachen sind relativ authentisch belassen, soweit möglich. In seinem Haus befinden sich noch sein Bett, ein Stuhl und ein Kühlschrank.

»Hier wurden die wichtigen Medikamente für die medizinische Versorgung aufbewahrt«, meint mein Guide zu mir. Als wolle er das betonen, weil es besonders wichtig sei.

»Ja vielleicht auch mal ein kühles Bier«, entfährt es ihm noch beiläufig. Na da kommen wir der Sache doch schon näher. Ein tolles Gefühl für mich an dem Ort zu sein, über den ich im Vorfeld schon so einiges gelesen und alte Bilder gesehen hatte. Ganz klar bereits einer meiner Höhepunkte hier auf der Insel. Mein Guide ist fix unterwegs, weiß aber gut Bescheid. Er bekommt recht schnell mit, dass ich das Meiste schon weiß und beschränkt sich danach auf interessante Details und die Beantwortung meiner Fragen. Dankenswerterweise verwendet er langsames und gut verständliches Spanisch, wenn er mit mir redet. Gegenüber seinen Kollegen scheint er eine vollkommen andere Sprache zu benutzen. Faszinierend.

Es lungern hier noch einige andere Touristengruppen herum, meist sehr zahlreich. Einige vollschlanke Personen kommen mir trotz Wanderstock schwitzend entgegen und machen den Eindruck, als hätten sie sich den Spaziergang im Wald anders vorgestellt. Nach drei Stunden habe ich das Wichtigste gesehen.

Auf dem Weg nach unten versuche ich mit der Kamera

die Steigung der Straße einzufangen. Aber manches funktioniert auf einem Foto einfach nicht.

Zurück in Manzanillo hole ich mir bei *Dinos Pizza* für knapp zwei CUC eine italienische Spezialität mit Schinken. Das erwähne ich hier nur, damit jemand nicht den gleichen Fehler begeht. Während meines Stadtrundgangs durch den Großteil von Manzanillo begegne ich einigen Leutchen, die man von urig über interessant bis hin zu skurril beschreiben kann.

Die Bedienung einer Bar am Ende des *Malecons* schaut mich schon im Vorbeigehen an, als wolle sie mich am liebsten verspeisen. Warum ich denn hier alleine herumlaufen würde und dass sie mir doch Abhilfe verschaffen könne. Die Offenheit der Leute hier ist unbeschreiblich. Ihre Kolleginnen hinter der Theke scheinen ihr noch gut zuzureden bei dem Unterfangen.

Jemand spricht mich auf meine Fotoausrüstung an und meint, auch mal eine gute Kamera besessen zu haben. Die Fotografie sei weiterhin sein Hobby. Er hat bestimmt auch die restlichen fünfzehn Minuten des Gesprächs unterhaltsame Geschichten zum Besten gegeben. Wenn ich ihn doch nur verstehen würde.

Ich spreche mit einem Percussion Spieler auf einem BMX Fahrrad, der gegen eine Steinmauer lehnt. Er möchte nur ein wenig sein Englisch aufbessern. Das klappt auch schon ganz gut, nur die Betonung ist recht spanisch.

Ein paar Ziegen sind am Straßenrand angebunden, damit

diese an den Sträuchern knabbern können. So sparen sich die Besitzer das Futter und der Grünschmuck ist adäquat getrimmt.

Zurück im Haus hat Ruben heute noch eine Ladung Steine bekommen, um den Ausbau seiner Unterkunft voranzutreiben.

Nach dem Abendessen kommt noch ein Kollege durch die Tür hinein. Ich denke mir nichts dabei, jedoch begrüßt er mich direkt sehr begeistert. Es stellt sich heraus, dass er der Lehrer jener Schüler ist, welche die Bilder im Haus von Ruben malen. Diese habe ich gestern Abend gelobt. Da hat er prompt den Kunstlehrer vorbeigeschickt, um ein paar Werke an den Mann, in dem Fall an mich, zu bringen. Das ist Unternehmergeist.

Ich erwerbe ein Portrait von Compay Segundo, dem berühmten kubanischen Musiker und einmal…naja „Kunst". Der Mann will mir wie es scheint, direkt seine halbe Kunstsammlung verkaufen. Ich erwidere ihm, dass ich nur vier Wände habe und durch den Zoll auch nicht mit einem Dutzend undeklarierter Kunstwerke gehen möchte. Da er die Bilder nicht selber malt hoffe ich, dass er seine Studenten angemessen beteiligt.

Ein unbekannter Ort, den ich lange vermisst habe

Nachdem ich im Osten bereits eine Schlappe eingefahren hatte, will ich nun im Süden erfolgreich sein. Im Klartext ist heute der südlichste Punkt Kubas Teil der Agenda.

Es geht in Richtung der Dörfer *Niquero* und *Belic*. Dahinter ist ein Entgelt für den Eintritt in den Park zu entrichten. Leider gibt es keine Kopien der entsprechenden Papiere mehr, die für die Quittierung des Bezahlvorgangs nötig sind. Man soll nicht annehmen, hier herrsche weniger Bürokratie als im eigenen Lande. Die Dame hat sich ehrlich entschuldigt dafür, dass sie mir den Betrag jetzt nicht abnehmen kann. Ich passiere schweren Herzens.

Als Erstes taucht auf der rechten Seite ein Replikat des Schiffes *Granma* auf, was ich in Havanna bereits im Original gesehen habe. Bemerkenswert, dass dort tagelang zweiundachtzig Mann Platz finden mussten. Als Rebell wäre mit mir kein Staat zu machen.

Ein Angestellter des Parks führt mich einen guten Kilometer weiter zum westlichen Strand, wo besagte Granma am Morgen des 02.12.1956 auf Grund lief. Heute ist der Weg schnell und bequem über einen Steinpfad zu erreichen. Die dichte und scharfkantige Vegetation am

Rande macht klar, warum man ohne Weg und mit Gepäck damals fünf Stunden brauchte.

Des Weiteren gibt es noch zwei kleine Museumsräume mit taktischen Karten und Bildern von Gefallenen. Die Karte zeigt detailliert alle Bewegungen des Rebellenangriffs in den ersten Tagen und es sieht aus wie ein aufgescheuchter Hühnerhaufen.

Das Haus eines Bauern am Rande des Sees, welcher den Rebellen geholfen hat, ist ebenfalls zu besichtigen. Eine freundliche Geste, die ihn aber letztendlich den Kopf gekostet hat.

Ein paar Kilometer weiter die Straße herunter gibt es etwas typisch kubanisches zu sehen. Etwas was niemand besichtigt, mit mindestens zwei gelangweilten Leuten besetzt ist und abseits von allem steht. Hierbei handelt es sich um den *sendero arqueologico natural el guafe*. Also ein Naturweg, wo es Geologie zu bestaunen geben soll. Ehrlich gesagt halte ich aus purer Neugier an, was es hier so Bizarres zu sehen gibt. Nicht etwa, weil ich vorher von diesem Weg wusste.

Aufgrund des Windes zeigen sich nur wenige Vögel und so bleiben mir ein paar Höhlen, verdorrte Vegetation und der größte Kaktus der Welt. Ob das wirklich stimmt ist auch völlig zweitrangig. Das Ding hat jedenfalls eine possierliche Größe und ist ein Foto wert.

Weiter die Straße entlang zeigt sich mir am Ende die Häuseransammlung *Cayo Cruz*. Ein verschlafener Ort ganz im Süden der Insel. Ich parke den Wagen direkt unten am Strand und gehe noch etwas ostwärts an Felsen entlang, bis mein Auge davon überzeugt ist, auch wirklich den südlichsten Punkt getroffen zu haben. Hier wird nicht geschätzt oder angenommen. Ich breite die Arme aus und lasse die Seeluft einige lange Momente an meinem Körper vorbeistreifen. Ein typischer Ort, den ich schon lange vermisst habe, obwohl ich nie da war.

Nach meiner Gefühlsduselei schaue ich noch bei dem einzigen Restaurant am Platze vorbei, welches aber gerade Pause macht. Außerdem habe ich eh kein Kleingeld mehr und bevor man an so einem Ort nach Wechselgeld fragt, könnte man eher nach dem Weg zum Mond fragen.

Getröstet wird mein Gaumen des Abends durch Fisch, frisch auf Rubens Tisch.

Langsam wird eine kleine Unannehmlichkeit drängend, denn ich muss mein Visum hier nach dreißig Tagen verlängern. Das ist nicht mehr lange hin. Heute hat hier die *Immigracion*, also das für mich zuständige Büro, geschlossen. Eine kanadische Delegation ist hier zu Kaffee und Kuchen. Morgen sind alle Banken zu, weil es Monatsletzter ist und man die ganzen Kohlen zählen muss. Das dauert. Also bleibt mir nur der Montag übrig, auch wenn am Sonntag meine Aufenthaltsgenehmigung ausläuft. Aber ich werde es überleben.

Ich habe übrigens wieder meine alte Unterkunft bei Luisa in Santa Clara gebucht, wo ich morgen nochmal vorbeischauen werde. Auch die Bestätigung meiner Unterkunft in Nueva Gerona geht glatt, wo ich ganz am Ende meiner Reise noch eine Woche ausspannen werde. Die Stadt liegt auf der größten Insel Kubas, auch wenn Kuba ja selbst eine Insel ist. Die nächsten Tage werde ich aber noch in Santa Clara zubringen, um meinen alten Freunden, die mir bei der Autopanne so nett geholfen haben, nochmal einen Besuch abzustatten.

»Tobia, Dico, Adio«...bitte was?

Nachdem ich Ruben und seine Frau abgelichtet habe, dessen Begeisterung sich in Grenzen hielt, mache ich mich auf ins circa fünfhundert Kilometer entfernte Santa Clara. Ich bin normalerweise nicht der Typ, der an einen Ort zweimal fährt. Es liegt aber direkt auf meiner Rückreiseroute Richtung Havanna und außerdem kann ich nicht einfach vorbeifahren. Es sind auch noch ein paar Tage im Zeitbudget frei und dies scheint die perfekte Gelegenheit. Mein Flug geht erst in einer Woche zur *Isla de La Juventud*.

Luisa empfängt mich wie auch beim ersten Mal wieder nett, aber diesmal halt durch meine Vorankündigung weniger überrascht. Das gute Zimmer vom letzten Mal ist leider belegt. Das zweite Zimmer geht als funktional durch, was meinen Ansprüchen aber vollkommen genügt.

Das Abendessen besteht aus Schweinefleisch, Bohnen, Kartoffeln, Reis, Salat, Tomaten, Möhren und Brot. Spannender, aber nicht weniger wohlschmeckender, ist da der Nachtisch. Die Konsistenz ist, sagen wir mal gewöhnungsbedürftig, da es vom Teller zu fließen droht. Auch im Mund befindlich will sich keine rechte Griffigkeit der Speise einstellen. Es schmeckt nach diesen länglichen Löffelbiscuits mit Milch in Kuchenform. Also irgendwie angenehm.

Nach dem Essen geht es auf zu meinen alten Bekannten Claudia und Richard. Aber wir müssen sie erstmal suchen, da sie nicht zu Hause sind und kein Telefon vorhanden ist. Die Beiden sollen in dem Haus von Richards Mutter, ganz in der Nähe meiner Unterkunft, sein. Ich bin froh, dass wir nicht weiter bei Dunkelheit durch die spärlich beleuchteten Einbahnstraßen der Stadt düsen müssen.

Wir halten vor einem Rohbau mit Holztür. Diese steht ein Stück offen, da kein Schloss vorhanden ist. Naja ein bisschen Decke fehlt auch, ist aber gut für die Luftzirkulation. Drinnen sind Claudia und Richard mit seinem Cousin und hängen ab. Die Überraschung ist groß und ich freue mich ob der herzlichen Begrüßung. Ich verstehe viele Sachen immer noch nicht, wenn die Leute ihr Sprechtempo nicht deutlich verlangsamen. Zudem werden hier auch ein paar Sachen anders ausgesprochen oder einfach weggelassen. Der Kubaner an sich scheint keine besondere Liebe zu dem Buchstaben „S" zu pflegen und lässt ihn wo auch immer möglich einfach weg. Aus „Disco" wird „Dico". Auch vor Namen macht diese Unsitte nicht halt.

»Hallo. Ich bin Tobias. «

»Willkommen Tobia.«

Man sollte dies aber nicht als Unhöflichkeit auffassen sondern es scheint einfach ein Automatismus zu sein, dem sich die Meisten nicht entziehen können.

Neben der Disco wollen mir die Beiden in den nächsten Tagen auch noch die Wasserfälle *el nicho* zeigen, die ich wohlweißlich auf dem Hinweg ausgelassen hatte. Manchmal mache ich echt schlaue Sachen.

In dem Rohbau sind sogar eine Kochstelle und ein Schlafraum eingerichtet. Wenigstens diese sind überdacht, aber insgesamt geht diese Art der Behausung für mich als abenteuerlich durch. Das entzieht sich einfach alles meiner europäischen Vorstellungskraft.

Ich bin mal gespannt auf die Tour durch das Nachtleben hier, in Begleitung von ortskundigen Menschen. Das wird lustig. Was hier so in einer Dico passiert, interessiert mich zudem. Der Reiseführer meint, hier soll immer „das nächste große Ding" abgehen. Ich werde überprüfen, ob er den Mund nicht zu voll genommen hat.

Reggaeton, überall Reggaeton

Es gibt Sachen, die ich einfach vergesse. Manchmal ist das gut, manchmal auch schlecht. Andere Sachen verdränge ich erfolgreich, was dann meistens gut ist. In zweitere Kategorie fallen die Kanarienvögel, welche bereits um sieben Uhr Gas geben und die Sonne begrüßen.

Claudia und Richard kommen vorbei. Sie sind sich noch nicht so ganz sicher wohin es gehen soll und wir fahren zunächst zu einem See in der Nähe. Der versprüht aber nicht gerade ein besonderes Flair und außerdem frage ich mich, was ich hier den ganzen Tag machen soll.

Es geht also weiter zu einem Hotel, welches ebenfalls direkt an einem See liegt. Aber halt, nicht so schnell. Erstmal geben die Beiden zu bedenken, dass die Fahrt circa eine halbe Stunde dauert. Soweit so undramatisch, aber laut ihrer Meinung können wir das unmöglich ohne geeignete Musik machen. Und unter „geeignet" fällt hier in der Stadt lediglich Reggaeton. Also wird erstmal am örtlichen Flohmarkt gehalten und eine selbstgebrannte Scheibe von irgendeinem zwielichtigen Typen erworben.

Es ist nicht weiter verwerflich, falls man noch nie von dieser Musikrichtung gehört haben sollte. Sie ist auf Kuba außerordentlich beliebt im Gegensatz zum großen Rest der Welt. Im Grunde ist es wie am letzten Abend am Herd vor dem Wocheneinkauf am nächsten Tag.

Alles was noch da ist wird in den Topf geschmissen, abgeschmeckt und dann heiß serviert. Die Hauptzutaten hier sind Reggae, Rap und Elektromusik.

Würde ich es bei der Beschreibung belassen wäre das glatte Unterschlagung von Tatsachen und umschreibt nicht das volle Ausmaß der Musikkultur. Die Musik kann, wie weitere Beobachtungen zeigen sollen, ausschließlich auf dem maximalen Lautstärkepegel des Musikwiedergabeinstruments abgespielt werden. Alles darunter geht hier als Verrat durch. Somit bollert und scheppert es kurze Zeit später aus meinem Mietwagen und ein aggressiv klingender Mann brüllt frauenfeindliche und sexistische Texte. Es gibt auch Sachen, die ich nie vergessen werde.

Um anzuknüpfen ist das Hotel an dem See deutlich ansprechender und es gibt auch ein paar Erfrischungen am Pool zu genießen. Eine Bootstour kostet vierzehn Dollar, aber Boot fahren ist nicht so mein Ding. Da gab es in der Vergangenheit etwas, was ich gerne vergessen würde.

Dort reden wir noch über eine interessante und grundlegende Frage.

»Wie kannst du für eine Kamera 1500 Euro ausgeben? « Claudia und Richard halten es für verrückt. Ich für eine normale Handelstransaktion. Beides stimmt wohl.

Auf dem Rückweg fragt mich Richard, ob er auch mal fahren könne. Seine Begründung, dass er bisher kaum in seinem Leben Auto gefahren ist, trägt jetzt nicht zu meiner Überzeugung bei. Hier auf der Landstraße sei ja nicht so viel Verkehr. So nach dem Motto dann ist der Schaden geringer, wenn er mal auf der falschen Seite fährt. Zudem ist es so, dass nur ich den Wagen laut Vermieter fahren darf und alles Andere nicht versichert ist und überhaupt. Halt der übliche Kram. Das sage ich Richard ebenfalls.

Dann passiert etwas Interessantes. Ich steige aus, wir wechseln den Platz und ich lasse ihn einfach fahren. Nachdem ich also meine Argumente gegen etwas angebracht habe, mache ich es trotzdem. So getreu dem alten Motto „Was interessiert mich mein Geschwätz von gestern".

Richard gibt dem Getriebe am Anfang ordentlich Saures. Das pendelt sich aber ein und er fährt jetzt auch nicht schlechter als mancher Sonntagsfahrer in der Heimat.

Wir lassen das Auto stehen und gehen in Santa Clara erstmal in eine Bar nahe dem Stadion. Die Musik, natürlich Reggaeton, ist mal wieder fünf Stufen lauter als gut wäre. Eine 2,5 Liter Bierröhre geht für sieben CUC über die Theke. Wir sind nicht die Einzigen, die sich dieser Aufgabe widmen.

Heute Abend ist das Baseballspiel gegen Sancti Spiritus. Baseball ist hier der Nationalsport und somit verabreden wir, zu dem Spiel zu gehen. Wenn hier alle so verrückt nach diesem mir weitestgehend unbekannten Sport sind, muss ich mir das auch mal mit eigenen Augen anschauen.

Am Abend im Stadion würde ich wohl ehrlich gesagt nicht mal den Ticketschalter finden. Die Karten sind spottbillig, sodass sich Jeder den Eintritt leisten kann. Das finde ich gut.

Das Spiel ist bereits im dritten Inning, aber das ist nicht weiter schlimm. So ein Spiel dauert eh ein paar Stunden. Problem ist auch, dass ich die Regeln nicht kenne. Claudia erklärt mir die Sache und ich verstehe grob, warum alle im Kreis laufen. Im Stadion selber wird kein Bier verkauft, aber die Mitnahme von Alkohol wird auch nicht kontrolliert. So passiert es, dass sich einige Gäste wohl überschätzen und an billigem Rum verheben. Die stets präsenten Polizisten haben den jungen Männern aber freundlich zum Ausgang geholfen. Da wird nicht lange gefackelt.

Bei den zwei Homeruns hat die Bude gewackelt. Das ist es dann auch mit den Highlights. Aber ich kann ja selbst Fußball kaum etwas abgewinnen. Das Stadion hier versprüht übrigens ungefähr den Charme eines fetten Zementblocks. Nach dem sechsten Inning ziehen wir davon.

»Lass uns noch zum Platz in der Innenstadt gehen«, schlägt Richard vor. Ich stelle mir noch ein gemütliches Bier auf der Parkbank vor. Manchmal im Leben liege ich knapp daneben. Und manchmal ist auch das eine krasse Untertreibung.

Der gesamte große Hauptplatz der Stadt ist voll mit Leuten. Das zumeist junge Publikum tanzt und trinkt zu dröhnender Musik. Das Epizentrum der Bewegung ist eine kleine Leinwand mit zwei Brüllwürfeln, welche für die Lautstärke deutlich unterdimensioniert sind. Das sei hier jeden Samstag und Sonntag so. Partytechnisch lassen die Leute in Santa Clara nichts anbrennen. Ich versuche meinen allzu steifen Körper dem Rhythmus der Musik und der umstehenden Personen anzupassen. „Er war stets bemüht" trifft es wohl ganz gut.

Auf dem Rückweg nach Hause gibt es noch einen Snack. Um Mitternacht hat der Bäcker geöffnet und verkauft im Zehnerpack frische Brötchen an das betrunkene Volk. Die Dinger gehen weg wie warme Semmeln. Der Preis ist wirklich nicht der Rede wert. Mit deutschem Backhandwerk hat das Ganze aber auch nichts zu tun.

Im Rhythmus der Nacht

Heute geht es ab zu den Wasserfällen *el nicho*, welche ein wenig außerhalb als guter Tagesausflug herhalten. Wir fahren zu Richards Haus. Dort angekommen insistiert Mutter Marta, dass das Auto gewaschen werden muss. Ich meine, das sei nicht nötig und es ist ja nicht mal mein eigener Wagen. Aber was nehme ich mir heraus einer Frau zu wiedersprechen, die meinen Wagen waschen möchte. Zudem ist Ostersonntag und da fährt man nicht mit einem dreckigen Auto herum. Es ist wohl einfach ihre Form des Dankes, dass ich die Beiden heute zu den Wasserfällen mitnehme. Denn obwohl sie ihr bisheriges Leben in Santa Clara zugebracht haben, sind sie nie zu den eine Autostunde entfernten Wasserfällen gekommen. Keiner von Ihnen besitzt ein Auto.

Wir holen noch Richard selber ab, welcher gerade auf einer Baustelle schuftet. Die Beiden haben eine Bauruine gekauft und restaurieren diese gerade, um sie nachher selber zu beziehen. Improvisation und Mangel an exakt allem zeichnet die Baustelle aus. Im Zimmer fehlt der Boden und ich laufe einfach direkt auf der Erde. Verfügbare Werkzeuge sind eine Schaufel und eine Wasserwaage.

Wir kommen in dem blitzeblanken Auto bei *el nicho* an. Hier gibt es einen großen Wasserfall und jede Menge

Bademöglichkeiten. Am Wasserfall geht es direkt ab ins kühle Nass und über möglichst unwegsame Stellen und glitschige Steine, um ein paar waghalsige Fotos zu schießen. Das Wasser ist kalt, aber der Tag so warm, dass der Kontrast angenehm ist. Zudem hat das natürlich deutlich mehr Charme und Abwechslung als ein schnödes karibisches Meer. Claudia zeigt sich zunächst etwas zurückhaltend, aber nachdem Richard sie kurzerhand einfach in voller Montur in das Wasser schubst, ist das Eis gebrochen.

Weiter unten hat sich eine ganze Meute Kubaner niedergelassen, die hier feucht fröhlich den Tag begehen. Jeder so wie er mag.

Wieder zurück in Santa Clara möchte Claudia unbedingt die Bilder von der Kamera ausgedruckt auf Papier haben. Um es abzukürzen, geben wir nach vier bis fünf Besuchen bei Bekannten und einigen Fahrten quer durch die Stadt zunächst auf. Die Sache wird auf morgen verschoben. Ein Computer mit SDXC Kartenleser ist hier so selten, dass man sie unter Artenschutz stellen müsste. Mangels Internet fallen hier auch direkt alle anderen Möglichkeiten weg.

Zu wesentlich schöneren Sachen als den schnöden Technikproblemen kommt es am Abend. In der Disco *el bosque* soll abends der Bär steppen. Wie der Name „der Wald" vermuten lässt, ist es ein Open-Air Tanzschuppen mit ein paar Bäumen. Wald wäre jetzt übertrieben aber die Atmosphäre ist gut und die Show schon in vollem Gange. Es gibt eine Vorführung mit Tanz, Gesang und Komödianten. Im Anschluss wird das Licht gedimmt und es gibt eine Mischung aus kubanischer und lateinamerikanischer Musik mit einem Hauch der achtziger Jahre. Zu meiner Freude auch eine Nummer vom Meister Lionel selber.

Das Bier geht für einen CUC über die Theke und verhindert, dass schlechte Laune aufkommt. Drei CUC muss man für eine Flasche Rum mit Cola anlegen. Für mich natürlich lachhaft, für einen Kubaner mit einem staatlichen Einkommen von vielleicht fünfzehn oder zwanzig CUC extrem teuer. Irgendwie geht die Rechnung hier nicht so ganz auf. Die Leute langen ordentlich zu.

Wir treffen auch noch ein paar Freunde von Claudia und Richard. Ein paar davon sind professionelle Tänzer. Und lieber Himmel haben die es drauf. Ich gebe mir große Mühe, dass etwas von den kubanischen Tanzfähigkeiten auf mich abfärbt. Der Spaß ist garantiert. Es gibt da aber auch den gewissen Punkt beim Tanz der Einheimischen, wo der Hintern nicht mehr mit dem Rest des Körpers verbunden zu sein scheint. Das würde hierzulande auch locker als Vorspiel durchgehen. Ich bin nachhaltig beeindruckt. Der Rhythmus der Nacht gefällt mir.

Kann ja nicht so schwierig sein

Der heutige Tag ist für Organisation und Verwaltung reserviert. So ein typischer Tag, den ich in einem zwei Wochen Strandurlaub nie zu Gesicht bekommen würde.

Zum einen ist gestern mein Visum abgelaufen. Das ist keine gute Idee bei den vielen Kontrollen hier. Ich muss meine *tarjeta del turista* verlängern lassen. Diese muss mit fünfundzwanzig Dollar bezahlt werden. Aber bitte in Briefmarken, welche bei einer Bank zu erwerben sind. Warum einfach, wenn es auch kompliziert geht.

Ich gehe also in die Stadt zur Bank und möchte meine Briefmarken kaufen. Aber der nette Herr am Eingang weist mich direkt darauf hin, dass das Computersystem nicht funktioniert. Ohne einen Computer kann ich keine Briefmarken kaufen. Das macht Sinn, vielleicht. Ich solle später wiederkommen, dann geht der Computer möglicherweise wieder.

Somit vertreibe ich mir die Zeit beim Anstehen in der Schlange auf der gegenüberliegenden Straßenseite. Dort ist die Wechselstube, denn ich brauche dringend frische Pesos. Die Leute scheinen am ersten des Monats Geld bekommen zu haben und alles ist hoffnungslos überfüllt. Als ich mein gewechseltes Geld in den Händen halte, gehe ich nochmal rüber. Der Computer funktioniert. Ich stehe in der Bank und schaue ganz schön sparsam drein.

Ein Sicherheitsangestellter sagt mir, ich müsse erst eine Nummer da drüben ziehen und dann auf meinen Aufruf warten. Warum bin ich da nicht gleich drauf gekommen.

Ich ziehe eine Nummer und falle in ein altes, abgewetztes Ledersofa hinein. Diese sind zum Warten direkt in der Mitte der Halle aufgestellt. Auf Monitoren erscheinen die Nummern der Leute, die gerade warten. Ich kann aber weder daraus schließen, wann ich dran sein werde, noch zu welchem Schalter ich dann gehen soll. Das Sofa ist bequem.

Kurze Zeit später bittet mich ein Bankmitarbeiter persönlich zu Schalter eins. Das Geschäft klappt reibungslos und ich halte eine zwanzig Peso Briefmarke zusammen mit einer fünf Peso Marke in der Hand. Der größte Wert, den ich je auf einer Briefmarke gesehen habe.

Dann fahre ich mit Claudias Hilfe zur *Immigracion*, also dem hier zuständigen Amt für solche Angelegenheiten. Eine Unterabteilung des Innenministeriums. Ich spaziere hinein und setze mich direkt zu dem entsprechenden Mitarbeiter. Ich gebe ihm meine wertvollen Marken, die Anschrift meiner jetzigen Unterkunft, meinen Reisepass und mein bisheriges Visum. Dass dieses bereits gestern abgelaufen ist, scheint ihn nicht zu interessieren. Ein Glück. Fünf Minuten später sagt man mir, ich solle am Nachmittag wiederkommen, um meine Visumsverlängerung abzuholen. Das ist ja einfach.

Gegen zwei Uhr nehme ich mit Claudia unsere gestrige

Mission wieder auf, von den Bildern auf meiner Kamera ein paar Abzüge zu machen. Technisch gesehen heißt dies, Bilder im RAW-Format von einer SDXC-Karte zu kopieren und zu drucken. Ich habe schon dieses ungute Gefühl in der Magengegend, dass das eine Herausforderung wird. Davon abgesehen ist der Prozess ein Bild von einer Kamera entwickeln zu lassen immer zweistufig. Zumindest hier in Santa Clara.

Wir fahren zu dem ersten Laden, wo direkt in einem großen Raum ein junger Mann mit einem Computer sitzt. Wir geben ihm die Speicherkarte und sagen ihm, welche Bilder wir gerne hätten. Dieser schreibt die Dateinamen auf einen Zettel. Das ist auch schon sein ganzer Job. Mit dem Zettel und der Speicherkarte fahren wir dann zum nächsten Laden und geben die beiden Sachen ab. Dieses Geschäft entwickelt Fotos ausschließlich zusammen mit dem Zettel der Dateinamen. Wenn man diesen nicht hat, kann man direkt wieder gehen.

Die veralteten Geräte können die Speicherkarte aber nicht lesen. Wir fahren zu einem anderen Typen. Ich weiß garnicht, woher Claudia oder Richard ihn kennen, aber er hat tatsächlich einen Windows 7 PC in seiner Bretterbude stehen. Ein Geschenk aus Übersee, wie er stolz zugibt. Er kopiert uns die Bilder von der Speicherkarte auf einen USB-Stick, welchen er uns freundlicherweise ausleiht. Ich merke noch an, dass wir die Bilder besser in ein anderes Format abspeichern. Obwohl ich behaupten darf hier der Fachmann zu sein, sind die Beiden der Meinung, dass dies kein Problem sei. Ich glaube auch nicht, dass sie meinen Einwand überhaupt richtig verstanden haben.

Wieder zurück in dem Fotoladen kann dieser das Bildformat natürlich nicht lesen. Wir lassen die fünf Fotos von meiner Kompaktkamera entwickeln, was auch einwandfrei funktioniert.

Also wenn hier in Kuba etwas in die Bereiche Kommunikation, Transport oder Technik fällt, kann man sich direkt warm anziehen. Ganz schön schwierig hier.

Als Randnotiz habe ich heute meine Sammlung aller gängigen Scheine der lokalen Währung vervollständigt. Fünfzig, zwanzig, zehn, fünf, drei und ein Peso Schein. Ich habe mir vorgenommen von beiden Währungen hier jeweils einen Schein mit nach Hause zu nehmen. Offiziell ist die Ausfuhr der lokalen Währung verboten, aber das kontrolliert niemand. Wahrscheinlich sind sie froh, das Zeug los zu sein, denn die an den Dollar gekoppelte Währung für Touristen ist deutlich beliebter.

Am Abend geht es in die Disco *Boulevard*, welche angenehmerweise nur einen Block von meiner Unterkunft entfernt ist. Es wird eine Pass- und Sicherheitskontrolle vorgenommen. Ein Mann hat auch einen Metalldetektor. Wir werden damit abgesucht, das Ding piepst ordentlich und wir werden durchgewunken. Ich bin mir sicher, dass das anders laufen sollte.

Wir sind relativ früh da und deswegen ist die Stimmung noch nicht so ausgelassen. Im Laufe des Abends kommt aber immer mehr tanzwütiges Publikum in die Disco und der Gerstensaft trägt wohl auch zur guten Stimmung bei. Die Tänzer von gestern sind wieder mit dabei und die Hüfte wird abermals auf schwindelerregende Weise gekreist.

Wieder auf der Straße trennen sich die Wege von mir, Claudia und Richard. Wir verabschieden uns und ich bastele mir mühevoll einige nette Sätze zusammen. Ich hatte mit den Beiden echt eine tolle Zeit, die mir wohl noch lange im Gedächtnis bleiben wird. Claudia gibt mir noch ihre E-Mail Adresse. Was nachher dann daraus wird, ist abzuwarten. Sowas verläuft leider allzu oft auch einfach im Sand. Aber ich habe ja schon gelernt, dass man sich im Leben immer zweimal sieht. Das würde ich mir in diesem Fall wirklich wünschen. Ich habe es wie gesagt nicht so mit Abschieden.

Geschäftssinn kennt keine Pause

Heute breche ich zum bereits neunten Mal zu einem neuen Ziel auf. Die Insel ist wirklich größer, als ich am Anfang dachte. Mittlerweile habe ich aber eine gute Routine und das Meiste packe ich erst gar nicht aus oder ich schmeiße es einfach in den Kofferraum hinein. Ein Auto ist hier zwar teuer, aber schon echt praktisch. Ich verabschiede mich von Luisa und ihrem Mann und mache mich vor meiner Fahrt noch auf zu der ein paar Autominuten entfernten örtlichen Zigarrenfabrik. Zur Besichtigung muss man vorher irgendwo anders in der Stadt ein Ticket kaufen. Das fällt also für mich aus. Ich suche den im Reiseführer beschriebenen kleinen Outlet Laden der Zigarrenfabrik. Ich möchte meinen Vorrat an Rauchwaren noch etwas aufstocken. Die zwei Kisten maximale Mitnahmemenge in die EU werde ich restlos ausschöpfen.

Der Laden wird allerdings von einem großen Touristenbus versperrt. Meine kurze Orientierungslosigkeit nutzt der Fahrer des Busses und spricht mich an. Auf Deutsch. Er hat einen kleinen Nebenverdienst. Während die Touristen sich drinnen die Fabrik ansehen und er eigentlich seine Pause hat, verkauft er schwarz Zigarren an jeden Handelswilligen.

Nachdem ich mich in dem offiziellen Laden der Zigarrenfabrik umgesehen habe und mir die Preise gemerkt habe, gehe ich auf sein Angebot ein. Drei Gehminuten entfernt kommen wir in der Wohnung eines Bekannten an und gehen in das Schlafzimmer. Das Mädchen spielt am Computer gerade ein Geschicklichkeitsspiel und auf dem Bett ist die Ware aufbereitet. Das Mädel lässt sich nicht stören und ist in das Spiel vertieft. Der Busfahrer scheint öfters fremde Männer in ihr Zimmer zu bringen, um Schwarzware zu verkaufen.

Ich kontrolliere die Qualität der Zigarren und schaue mir die Siegel an. Es handelt sich um wirklich gute Ware und ich nehme ihm die Kiste Partagas für vierzig CUC ab. In Europa wird so eine Kiste für ein Vielfaches gehandelt. Er wickelt alles professionell in Zeitung ein und gibt mir noch eine Plastiktüte mit. Er versteht sein Handwerk und ist bestens ausgestattet. Alle großen Marken stehen zum Verkauf. Sehr zu empfehlen.

Meinen heutigen Weg nach Matanzas würde ich ohne Navi und fragen nicht ansatzweise finden. Matanzas ist die Stadt wo alle Kubaner wohnen, die in Varadero arbeiten. Varadero ist ein zwanzig Kilometer langer weißer Sandstrand und der beliebteste Ort für Touristen auf ganz Kuba. Als wenn man nicht möchte, dass sich Touristen in das glanzlose Matanzas verirren, geht der Weg von der Autobahn durch viele kleine Orte und über Landstraßen.

In der Stadt angekommen wird die Sache nicht leichter.

Jede Straße hat hier mal wieder zwei verschiedene Namen. Die neuen Namen bestehen aus Nummern und die Hausnummern selber sind fünfstellig. Ach das muss doch nicht sein.

Ich frage einen Typen mit einem *bicitaxi* an der Busstation nach dem Weg. Er bringt mich dann endlich zu meiner neuen Unterkunft.

Gloria empfängt mich und sagt, mein Zimmer ist in einer anderen Wohnung etwas von ihrem Haus entfernt. Hier bei ihr gibt es Frühstück und Abendessen. Ich befürchte schon, in einem kleinen Zimmer am anderen Ende der Stadt zu landen.

Weit gefehlt. Kaum ein paar Gehminuten entfernt öffnet Gloria die Tür zu einer kompletten Wohnung. Wohnzimmer, Esszimmer, Flur, Küche, Kühlschrank, Fernsehen, Klimaanlage, großes Bett in meiner Lieblingsfarbe, heiße Dusche, Schrank, großer Balkon. Besser als zu Hause. Dreißig Kilometer weiter in Varadero würde das als Junior Suite für einen dreistelligen Betrag vermietet werden. Zudem ist Gloria hilfreich, freundlich und spricht wunderbar verständliches Spanisch.

Der anschließende Rundgang durch die Stadt haut mich nicht vom Hocker. Es ist warm, richtig warm. Eine Brücke wird im Reiseführer als Highlight gelistet und man solle sich doch die Geheimnisse von Matanzas erschließen. Ich finde da nicht viel. Es ist eine Arbeiterstadt.

Beim Abendessen treffe ich Martin, einen Holländer der

seit ungefähr zwei Wochen auf der Insel ist. Wir möchten den Abend bei einem Bier ausklingen lassen. Eines bekommen wir noch in der Bar *ruinas de matasiete*. Um zehn Uhr klappen hier aber einfach die Bürgersteige hoch und man sollte schon ein wenig aufpassen, wo man hinläuft.

Wir haben uns dann noch an dem Havanna Club Rum in meiner Wohnung gütig getan und viel geredet. Ich finde es toll, wenn ich Fremde treffe mit denen ich mich direkt gut versteht und dann den ganzen Abend reden kann.

Morgen geht es dann zu dem Traumstrand in Varadero. Ein Ort von dem viele Kubaner sagen, dass er eigentlich garnicht Teil von Kuba ist. Das wollen wir doch mal sehen.

Fast wie aus einer anderen Welt

Zwei CUC beträgt der Eintritt nach Varadero. Wohl einfach so als Vorsichtsmaßnahme und weil man es einfach einfordern kann. Varadero ist der Ort, wo die meisten Touristen auf ganz Kuba sind und der Sandstrand am längsten ist. Ein dicker Hotelklotz reiht sich an den Nächsten. Auf den Straßen ist nicht viel los. Nichts ist hier vom alten Havanna zu spüren. Alles ist halbwegs neu, ordentlich und sauber. Niemand sitzt am Hauseingang und spielt Domino. Hier wohnt kaum jemand länger als zwei Wochen und Kubaner schon garnicht. Die meisten Menschen sind gut gekleidet.

Die lokale Währung kann man zu Hause lassen. Die will hier niemand sehen. Es gibt ein paar Geschäfte für Touristen, wo Taucherflossen und Sonnencreme verkauft werden. Die Preise sind ebenfalls aus einer anderen Welt.

Varadero ist trotzdem ganz anders, als ich es mir vorgestellt habe. Kein Glanz, Glamour oder Luxus ist auf der Straße zu finden. Keine ausladenden Parks, große Brunnenanlagen oder Shoppingzentren. Wer nach Gucci oder Versace sucht, wird enttäuscht. Es ist alles recht einfach gehalten. Die meisten Leute scheinen sich aus ihrem Hotel nicht besonders weit weg zu bewegen und meinem Urteil nach verpassen sie auch nicht viel.

Hier scheint also nicht die Anziehungskraft dieses Landesteils zu liegen. Ich parke mein Auto und suche mir einen Strandabschnitt, der frei begehbar ohne Hotel in der Nähe ist. Hier liegt also die Anziehungskraft dieses Landesteils. Der Sand ist fein, warm und weiß. Das Wasser ist türkis, sehr klar und angenehm temperiert. Der Himmel ist stahlblau und die ganze Szenerie wirkt wie gemalt. Ein paar Palmen schenken Schatten und laden zum Verweilen ein.

Ich wähle ein beliebiges Hotel aus dem Guide aus und fahre hin. Mal sehen welche Annehmlichkeiten hier geboten werden und wie so ein Hotel von innen aussieht. Ich fahre beim *Hotel Sandals* vor. Eine schöne offene Architektur versprüht karibisches Flair. Die vielen Uhren mit den verschiedenen Zeiten an der Wand lassen es international wirken. Als wenn die Meisten hier die Zeit interessieren würde. Hier könnte ich es wohl auch für ein paar Tage aushalten. Wer Sonne, Strand und Erholung sucht und mal einen Tagesausflug nach Havanna machen möchte, ist hier gut beraten.

Bemerkenswert ist auch, dass in Varadero die meisten Leute wenigstens einfaches Englisch sprechen, höhere Angestellte auch wirklich sehr gut die Sprache beherrschen.

Ich bemerke, dass ich mich weiterhin auf der Insel Kuba befinde, als ich die Internetstube des Hotels betrete. Es ist nicht anders auszudrücken, denn das Hotel verfügt über zwei Computer. Ich frage die gute Dame, was denn hier zu bezahlen sei. Ich sei leider kein Gast des Hauses. Das bringt die gute Frau völlig aus der Routine. Jemand spricht Spanisch, wohnt nicht in dem Hotel und möchte das Internet nutzen. Sie schreibt etwas für mich Unleserliches in ihre Formularspalte, wo sonst die Zimmernummer hinkommt und ich darf den PC benutzen.

Wesentlich amüsanter als das Schreiben der E-Mail sind die Leute mit ihren Fragen, die ab und zu in das Büro hereinplatzen.

»Warum gibt es hier kein WLAN? «

»Nur zwei Computer? Das kann doch nicht sein? «

»Haben Sie ein Ladekabel für mein IPhone? «

Ach, einfach köstlich.

Ich kaufe im Laden nebenan noch einen Packen Postkarten. Einen altmodischen Gruß nach Hause zu versenden lasse ich mir nicht nehmen. Die Frau in dem Laden schaut mich etwas verdattert an, als ich den Stadtplan von Matanzas zur Ansicht ausbreite. Warum der hier überhaupt verkauft wird, ist mir ein völliges Rätsel.

Ich laufe noch zum nördlichsten Punkt Kubas, wenn man die unbewohnten Inseln mal außen vor lässt. Im Gegensatz zu den anderen Himmelrichtungen ein Klacks, da der Punkt direkt an einem Hotelstrand liegt. Die Leute beachten mich kaum und lassen sich beim Sonnenbad nicht stören. Jedem das Seine. Leben und leben lassen.

Ich fahre zum *Josone Park*. Er ist groß, ordentlich und

nett aber auch menschenleer. Dafür kann ich einfach mit dem Auto durchfahren und muss nicht aussteigen.

Im Park gibt es mit *Dante* ein gutes italienisches Restaurant. Auch hier ist niemand bis auf das fünfköpfige Personal. Der Guide schreibt, hier kann man gut, wenn auch nicht günstig, essen. Aber ich möchte mal sehen, was hochwertige Restaurants zu bieten haben. Ich nehme die Empfehlung des Hauses und werde fix bedient. Spaghetti Napoli, drei verschiedene Käsesorten optisch fein aufdrappiert und Lasagne mit Rind. Eröffnet wird mit Bruscetta und geschlossen mit einem Tiramisu. Die Tomaten sind frisch, die optische Anrichtung tadellos und pikfein, der Service prompt und freundlich, die Nudeln *al dente* und das Tiramisu spielt ebenfalls in der oberen Liga mit. Das Geld ist gut angelegt.

Am Abend treffe ich beim Essen auch Martin wieder, der gerade sein Mahl einnimmt. Ich quatsche noch mit einer Frau aus Chile, welche am Nebentisch Platz genommen hat. Pro Besucher gibt es hier extra einen Tisch, auch wenn alle zusammen nebeneinander in einem einfachen Innenhof essen. Martin kommt zu dem Schluss, dass er sich vorher etwas Spanisch hätte aneignen sollen. Ich will mich ob meiner vorrausschauenden Genialität nicht allzu sehr loben, aber es ist einfach sehr hilfreich und die Kubaner schätzen das sehr.

Nach einem Rum bei mir nehmen Martin und ich ein Taxi zur Disco *La Salsa*, die etwa drei bis vier Kilometer außerhalb der Stadt liegt.

Wir fahren stilecht in einem jahrzehntealten russischen Lada vor. Der Taxifahrer hat uns empfohlen, doch lieber die *Tropicana Show* in der Nähe zu besuchen. Wir lehnen ab. In dem Laden ist noch nicht viel los und der Herr an der Bar findet ausreichend Zeit, um sich genüsslich seine Zigarette anzustecken.

Da selbst der Kassierer noch nicht an Ort und Stelle ist, sparen wir uns die zwei Dollar Eintritt und investieren diese in Getränke.

Nach und nach füllt sich die Lokalität doch noch. Drinnen gibt es eine Tanzfläche mit lauter Musik und im Raum umherschwirrenden Lichtern. Der Außenbereich ist eher zum Abkühlen gedacht und um ein Schwätzchen zu halten.

Ich möchte die Wahrheit nicht beschönigen wenn ich sage, dass ein guter Anteil der Frauen dort gerade bei der Arbeit ist. Und sie servieren keine Drinks, tragen zu enge Kleidung und hohe Schuhe.

Die Barkeeper sprechen fast alle Englisch und scherzen mit uns sowie mit den Frauen gleichermaßen. Man scheint sich dort gut zu kennen.

Wir treffen noch drei junge Männer, die gerade in einem Hotel in Varadero eingebucht sind. Es handelt sich um einen Russen, einen amerikanischen Russen und einen französischen Italiener. Sie sind geschäftlich aufgrund einer Konferenz da. Ich muss was falsch gemacht haben.

Es geht ausgesprochen lustig zu und mit späterer Stunde wird die Stimmung immer ausgelassener. Gegen drei Uhr schließt das Lokal und ich trete, meine volle Konzentration für die Fortbewegung benötigend aus dem Laden hinaus. Dort lungern ungefähr fünfzehn junge Männer vor dem Ausgang, die alle „Taxi" schreien. Martin feilscht und es geht für drei CUC zurück Richtung Matanzas.

Der Lada ist älter und in schlechterem Zustand als die meisten Vehikel hier. Der junge Bursche tritt kräftig auf das Gas und heizt mit deutlich überhöhter Geschwindigkeit durch die Straßen. Der Fahrtwind zieht ungebremst durch unsere Gesichter. Das wohl Wertvollste in dem ganzen Wagen ist die Musikanlage, woraus der „Gangnam Style" aus voller Lautstärke dröhnt. Martin schlägt von der Musik getrieben ordentlich gegen den Beifahrersitz. Das geht dann später bestimmt als amüsante Urlaubserinnerung durch.

»Danach wird auf euch geschossen.«

Gegen neun Uhr treffe ich Martin zum Katerfrühstück. Das bringt mich wieder auf die Beine. Er möchte heute nach Varadero weiterreisen. Ich bin heute noch in Matanzas, da erst morgen mein Flug von Havanna aus geht. Was ich mit dem Tag anfangen soll, weiß ich grad noch nicht so recht, da die Stadt selber wenig hergibt. Wir tauschen unsere E-Mailadressen aus und verabschieden uns.

Er steht eine halbe Stunde später vor der Tür meiner Wohnung. Er, naja, habe heut nicht wirklich den Elan gefunden weiter zu fahren und will zum Fluss *Caimanera* fischen gehen. Anstatt den Tag zu verdösen, was mich jetzt nicht umgebracht hätte, sage ich zu und wir fahren kurze Zeit später los.

Ich habe meine Zwiespältigkeit gegenüber Booten, welche man dort zum Fischen mietet. Martin sagt aber, dass sei kein Problem. Es ist ein Motorboot und ein ruhiger Fluss. Ich solle mir keine Sorgen machen.

Wir kommen an und er hat die Wahrheit gesagt. Der Fluss mündet direkt ins Meer und zieht sich noch eine ganze Weile landeinwärts. Man fährt an der Brücke herunter zum Fluss, wo auch die Tropicana Show stattfindet.

Die Preise sind hoch angesetzt, aber dafür können wir

das Boot auch selber fahren und keiner funkt uns dazwischen. Eine Sache legt uns der Verleiher, ein sehr lustiger Typ, aber noch ans Herz.

»Fahrt nicht weiter als bis zur Brücke dort drüben. Danach wird auf Euch geschossen. «

Wenn man nämlich mit einem Motorboot auf Kuba Richtung Meer und die Vereinigten Staaten zusteuert, bekommen die Kameraden flugs kalte Füße. Wahrscheinlich würde niemand auf uns schießen und wir würden aufgrund von Spritmangel nicht mal die Hälfte des Weges schaffen. So vergessen wir aber wenigstens die Anweisung nicht.

Das Steuern des Bootes durch die grüne Landschaft und den mäandrierenden Fluss macht richtig Laune. Ich übernehme den Job des Steuermannes, während Martin seine eigens mitgebrachte Angelroute auswirft. Die hereinwachsenden Bäume und die vorbeiziehende Natur schmeicheln dem Auge. Ein Bad ist obligatorisch. Trotz steter Bemühungen fängt Martin aber nichts. Da ich von diesem Sport wenig Ahnung habe, kann ich nicht beurteilen, ob es nun an Mensch, Material oder einfach am Fisch liegt.

Am Abend lade ich Martin noch zu mir ein, da vor meinem Flug morgen der Rum unschädlich gemacht werden muss. Wenigstens hier zeigt sein Sportsgeist Erfolg und wir verbringen einen dieser Abende, wo man über alles und nichts redet, aber alles wichtig ist.

Ich fahre morgen mit gemischten Gefühlen zurück nach Havanna, um dort meinen Flug zur *Isla de la Juventud*, oder kurz *la isla,* zu erwischen. Einerseits mit Wehmut und ein bisschen Traurigkeit, dass bereits fünf meiner sechs Wochen hier verstrichen sind. Andererseits freue ich mich wieder auf Havanna, wenn es auch nur kurz ist. Die letzte Woche auf dieser Insel ist sozusagen mein Urlaub vom Urlaub. Dort wird kein Auto gefahren, nicht früh aufgestanden, in der Sonne gelegen und viel nichts getan. Nur wenige Sachen stehen dort auf meinem Plan. Vor allem aber hat die Insel den Charme des Verlassenen, Aufgegebenen und Vergangenen. Ein altes Gefängnis, verlassene Schulen, ein zerfallener Flughafen. All das soll dort als stummer Zeuge zu sehen sein. Sowas zieht mich magisch an.

»Reservierung? Die ist storniert worden«

Martin scheint es nicht zum Frühstück geschafft zu haben. Vielleicht ist er auch schon aufgebrochen. Ich tue es ihm gleich, denn der Plan lautet nach Havanna zu fahren, um dort heute Nachmittag meinen Flug nach Nueva Gerona zu erwischen. Das ist die größte Stadt auf der *Isla de La Juventud*.

Als ich in Havanna ankomme geht ein monsunartiger Regenguss nieder und innerhalb kurzer Zeit sind einige Straßen überflutet. Als Randnotiz geht auch die Leuchte für die Autobatterie an. Ein Glück habe ich mit dem Wagen nicht mehr viel vor.

Ich komme von Süden aus in die Stadt gefahren und muss somit am Capitol vorbei. Gegenüber steht ein hochpreisiges Hotel. Die komplette Straße ist voll mit Menschen. Sie drängen sich dicht an dicht. Ein ordentliches Polizeiaufgebot bewacht die Absperrung und hält die Leute zurück. Am dichtesten ist die Menschenmasse am Hoteleingang. Ich erfahre, dass der U.S. Rapper Jay-Z mit seiner Frau Beyonce Knowles hier seit kurzem logieren. Zwei bekannte U.S. Amerikaner öffentlich in Havanna sind etwas wirklich Außergewöhnliches und jeder will die Beiden mal sehen.

Ich habe leider keine Zeit, um mir das Schauspiel anzusehen. Ich fahre den Wagen am Hotel Lido vor, wo ich vor vier Wochen meinen ersten Wagen abgeholt habe. Ich bin erleichtert, dass das Auto es geschafft hat.

Ich komme gegen elf Uhr ins Hotel hinein. Der Schalter der Autovermietung ist nicht besetzt. Frank kommt in zehn bis fünfzehn Minuten. Übersetzt heißt dies, er ist nicht da und kommt heute vielleicht nochmal rein. Zum Glück habe ich in weiser Voraussicht Zeit mitgebracht.

Ich lasse mich in den Sessel fallen. Eine Bar direkt in der Lobby verkürzt Wartezeiten. Ein Japaner kommt zur Tür hinein, relativ aufgelöst und fragt nach einem Zimmer. Naja, wenigstens versucht er es, da die Dame am Empfang weder Englisch noch Japanisch spricht. Zu allem Überfluss wird auch seine Kreditkarte nicht angenommen, was hier schon mal passieren kann. Kuba ist ein Land des Bargeldes. Ich helfe bei der Verständigung.

Dabei frage ich die Dame an der Rezeption erneut, wie es denn nun mit der Rückgabe meines Autos aussieht. Ich soll mich gedulden. Ich erkläre ihr ruhig aber bestimmt, dass mein Flug um vier Uhr nachmittags nach Nueva Gerona geht. Falls bis zwei Uhr niemand kommt, werde ich den Schlüssel hier lassen und zum Flughafen fahren.

»Das geht nicht. Ich kann den Schlüssel nicht annehmen« erwidert sie mir etwas erstaunt.

»Müssen sie auch nicht. Ich lasse ihn einfach hier«, antworte ich trocken in der Hoffnung auf die gewünschte Reaktion.

Die lässt nicht lange auf sich warten und die Dame greift zum Telefon. Sie erreicht zwar Frank nicht, aber zitiert jemand anders her. Es geht doch. Manchmal muss ich leider etwas nachhelfen.

Der gute Herr kommt wenig später zur Tür hinein.

»Der Wagen kann erst morgen abgegeben werden. Außerdem ist das nicht der Wagen in den Papieren«, gibt er direkt zu bedenken.

Ich erkläre, dass ich den Wagen heute abgeben will und ihn für morgen nicht mehr brauche. Er kann ein paar Besorgungen damit erledigen. Im Tank ist noch Sprit. Zudem ist der Wagen viel besser als die Schrottmühle bei der Abholung. Ich zeige ihm alle Papiere mit Durchschlag und Unterschrift.

Er studiert alles genau bis ins Detail.

Er willigt ein und will mich bereits verabschieden.

»Da wäre noch die Kleinigkeit mit den einhundertfünfzig CUC. Ich habe die Kaution bar hinterlegt« sage ich bestimmt.

»Davon habe ich in den Papieren nichts gesehen« erwidert er. Ich bin mir aber sicher. Siehe da gibt es in den Papieren einen Vermerk: *pagado en efectivo*, also „bar gezahlt".

Er hat aber den Schlüssel für den Safe mit dem Geld nicht. Er telefoniert ein wenig herum bis er Erfolg hat. Wir fahren fünf Minuten weiter zu einem anderen Hotel, wo die Autovermietung ein kleines Büro hat.

Im Büro kann ich kaum bis zur Wand sehen, da die beiden Mitarbeiter die Bude komplett mit sattem Zigarrenqualm vernebelt haben. Einer der beiden greift locker in eine Schublade und zieht drei fünfzig CUC Scheine heraus. Das ist das erste Mal, dass ich so einen großen Schein sehe.

Das ganze Unterfangen dauerte nun insgesamt gute drei Stunden. Dafür hat es niemanden auch nur im Geringsten interessiert, dass ich sowohl Spiegel als auch Stoßstange neu geschliffen hatte.

Zurück im Hotel frage ich nach einem Taxi bei der Dame an der Rezeption. Sie greift so schnell zum Hörer, wie ich es hier selten gesehen habe. Keine fünf Minuten später steht ihr Sohn vor der Tür. Mittlerweile finde ich sowas nicht mehr verwunderlich sondern amüsant. Für zwanzig CUC geht es gemächlich zum Terminal Eins, wo nationale Flüge starten.

Ich trete hinein und schaue mir die Lage in Ruhe an. Es gibt ein paar Schalter meiner Fluggesellschaft *Cubana*. Alle Leute dort haben aber bereits ein Ticket in der Hand. Ich habe nicht mehr als eine Rechnung von der Internetbuchung vor einigen Wochen. Ich fange gar nicht erst an, nach Geräten zum automatischen Ausdruck von Tickets zu schauen.

Das kubanische Äquivalent steht in der Ecke und ist ein kleines Servicebüro der Fluggesellschaft. Ich stelle mich hinter fünf anderen Wartenden an. Die Bearbeitung ist mehr als zäh. Zwischendurch geht die Tür auch einfach zu und die Mitarbeiterin geht für zehn Minuten sonst wo hin. Der Flug hat bereits jetzt zwei Stunden Verspätung, also wie immer kein Grund zur Eile.

Mein Name und meine Reservierung sind im System verzeichnet. Sehr beruhigend. Jedoch war diese storniert worden, da die Zahlung nie erfolgt sei. Sehr beunruhigend. Ich zeige ihr meine Rechnung, aber die Dame zeigt sich unbeeindruckt und kann mir kein Ticket ausstellen. Die Buchung steht tatsächlich als storniert in ihrem Computer. Sie zeigt es mir.

Sie bietet mir an, eine Stunde vor Abflug erneut zu kommen. Falls bis dahin jemand seinen gebuchten Flug nicht angetreten hat, verkauft sie mir ein Ticket. Ich gehe auf ihr Angebot ein. Was bleibt mir auch anderes übrig.

So in dem Terminal sitzend kommt mir der Gedanke, wie ich eigentlich nach Havanna zurückkomme. Auch das Rückflugticket ist storniert worden und ich weiß, dass Flüge meist auf lange Zeit ausgebucht sind, weil sie stark subventioniert und somit günstig und beliebt sind. Ob ich innerhalb von wenigen Tagen an ein Flugticket in Nueva Gerona kommen würde, ist sehr fraglich. Vielleicht kann ich ein Schiff zurücknehmen. Dann überlege ich mir den schlimmsten möglichen Fall. Das mache ich manchmal, wenn es um wichtige Entscheidungen geht. Im schlimmsten Fall muss ich etwas länger auf der Insel bleiben bis ich eine Rückreisemöglichkeit buchen kann. Ich lehne mich entspannt zurück und schlage mein Buch auf.

Gute drei Stunden später stelle ich mich wieder an. Die Dame erinnert sich an mich, belohnt meine Hartnäckigkeit, winkt mich hinein und verkauft mir ein Ticket. Ich zahle zwar ein Vielfaches von dem lokalen Preis, das ist aber immer noch sehr günstig für meine Verhältnisse.

Mein Koffer wiegt bereits jetzt einige Kilo zu viel. Das interessiert hier aber nicht. Ganz im Gegenteil transportieren die Leute alles, was man sich denken kann.

Der ältere Herr am Schalter kontrolliert meinen Reisepass. Er schaut sich das gute Stück interessiert an. Ich sage ihm, dass ich aus Deutschland komme und zu *la isla* möchte, wie sie hier von allen genannt wird. Seine Mine erhellt sich und er zieht ein kleines zerzaustes und abgegriffenes Lehrbuch für Deutsch hinter seinem Schalter hervor. Jetzt gucke ich erstaunt. Er winkt mich durch und ich setze mich so hin, dass ich direkt mein Flugzeug im Blick habe.

»Señor Tobias Stock bitte zur Gepäckkontrolle« dröhnt es schwer verständlich auf Spanisch aus den alten Lautsprechern des Flughafens. Ich setze mich in Bewegung und frage herum, was zu tun ist und wo ich hin muss.

Ich komme wieder im Erdgeschoss des Flughafengebäudes an. Dort trete ich bei der Tür mit der Aufschrift „Gepäckkontrolle" ein. Es ist ein kleiner Raum der durch einen abgenutzten Holztisch getrennt ist. Mein Koffer liegt auf dem Tisch. Der Herr bittet mich ihn zu öffnen. Die Kollegen aus den Vereinigten Staaten scheinen den kubanischen Behörden keinen Schlüssel für die TSA-Schlösser zu geben. Er interessiert sich für meine Deo Dose und das Haarspray. Meine Haare sind in letzter Zeit etwas länger geworden. Ich überzeuge ihn von der Ungefährlichkeit dieser Gegenstände

und komme wieder an dem eifrig lernenden Sicherheitsbeamten vorbei. Er zieht abermals sein zerfleddertes Lehrbuch hervor und bittet mich vorzulesen. Er trainiert gerade seine Aussprache. Ich finde das sowas von sympathisch, das gibt es garnicht.

Als alle Leute leicht unruhig Richtung Flugsteig gehen, folge ich dem Strom und nehme meinen Platz in der Maschine ein. Das Flugzeug ist blau, gelb, weiß angestrichen und mit gemalten Palmen verziert. Zur freundlichen Begrüßung gibt es Bonbons. Vorbildlich.

Eine halbe Stunde später landen wir und am Eingang in das Flughafengebäude verteilt eine Frau Fieberthermometer. Ich halte das für ein sozialistisch, kameradschaftliches Geschenk des Staates und lehne ab. Aber die Frau hält mich zurück, zeigt mir ihr Handbuch mit der Aufschrift „Tuberkulose" und gibt mir nachdrücklich das Fieberthermometer in die Hand. Neben meinem Pass will die Frau auch wissen, wie lange und wo ich wohne. Fast hätte ich meinen Impfausweis herausgeholt, den ich ebenfalls dabei habe.

Ich trete heraus in die feuchte Nacht und neben vielen Rufen vernehme ich auch meinen Namen. Die Abholung klappt reibungslos und wir fahren in die Stadt zur Unterkunft. Luis zeigt mir mein Zimmer. Es ist recht klein aber nur vorrübergehend, da morgen das große Zimmer direkt links vor dem Hauseingang frei wird. Oben ist eine offene Terrasse, wo ich ein deutsches Pärchen treffe. Diese Deutschen treiben sich aber auch in jedem Winkel der Insel herum. Sie reisen morgen wieder ab und geben mir noch ein paar Tipps zum Leben hier. Sehr freundlich, falls ich doch etwas länger hier bleibe als gewollt und geplant. Es wären mir schon schlimmere Dinge widerfahren.

Fünftes Kapitel

Was für ein Spiel

Es ist Samstag und nach geruhsamer Nacht mache ich mich am Vormittag auf Richtung Hafen. Dort ist im gleichen Gebäude das Büro der Fluggesellschaft und Bootsagentur, welche Reisen nach Havanna anbieten. Da ich nach Möglichkeit meinen Flug von Havanna zurück nach Deutschland erwischen sollte, frage ich heute schon mal nach.

Es ist nicht viel los, aber viel zu holen ist auch nicht. Ich frage nach Flugtickets, aber die Frau bietet mir etwas für Mitte nächsten Monats an. Das passt nicht ganz in meine Urlaubsplanung. Ich soll Montag nochmal wiederkommen, um zu schauen, ob ich wie beim Hinflug nicht doch noch ein Ticket bekommen könne.

Montags geht es hier aber laut meinem Vermieter Luis zu wie im Tollhaus, da alle Leute montags frei haben. Wenn es mit dem Fliegen hier nicht klappt, werde ich für meine Rückreise wohl den Wasserweg nehmen müssen. Das Boot verkehrt fast täglich und ist auch kurzfristig buchbar.

Ich beschließe das Problem zu vertagen und mich auf den schönen Tag zu konzentrieren. Er ist natürlich wolkenlos. Falls das mal anders sein sollte, erwähne ich das hier explizit.

In der Stadt Richtung Hafen steht *El Pinero*. Das ist das alte Schiff, mit dem Fidel Castro im Jahre 1955 wieder auf die Hauptinsel zurückkehrte, nachdem er aus der Haft entlassen wurde. Hätte man gewusst, dass er den Regierenden wenige Jahre später die Hölle heiß macht, hätte das Boot wohl ein paar Löcher bekommen.

Heute wächst in die alte Wanne ein Baum hinein und ein Pferd grast ganz friedlich in seinem Schatten. Ich schlendere unbedarft weiter durch die Stadt und komme am Mietwagenverleih vorbei. Ein paar meiner wenigen Ziele liegen außerhalb und so erkundige ich mich nach einem Roller. Die Insel ist so klein, dass ein Auto kaum lohnt. Fünfundzwanzig CUC sind pro Tag dafür fällig. Da frage ich lieber nach einem Fahrrad. Ist auch besser für die schlanke Linie.

Die Innenstadt selber wird gerade kräftig umgebaut, aber der Großteil der Fußgängerzone ist bereits mit blank polierten Marmorsteinen versehen. Darin sind grüne Inseln eingelassen. Palmen wachsen heraus. Zudem stoßen kleine Marmorsäulen aus dem Boden. Der Stadt kann es nicht schlecht gehen, wenn sie hier alles aus Marmor herrichten.

Ich folge den Menschenströmen, welche in das Baseball-stadion münden, das sich in Richtung der Berge im Westen befindet. Für einen lokalen Peso, also drei Eurocent gönne ich mir den Spaß. Hier finde ich auch prompt den Schalter.

Wie es der Zufall so will ist gerade die Mannschaft aus Santa Clara zu Gast. Wollen wir doch mal sehen, ob sie wieder verlieren.

Ich komme mit einem Sportfotografen ins Gespräch, welcher direkt unten am Spielfeldrand hinter der Absperrung steht. Er spricht neben Spanisch auch Englisch und Französisch und so quatschen wir problemlos miteinander. Er erklärt mir Einiges über die Teams und das Spiel hier. Ich erfahre von ihm auch, warum am helllichten Tag gespielt wird, wenn die Hitze am größten ist. Seit dem letzten großen Sturm im Jahr 2008 hat keiner die Lichter repariert. Nachts würde hier niemand etwas sehen. Die Antwort ist so einfach wie bezeichnend für die Insel.

Dieser Umstand resultiert aber in einer deutlich besseren Stimmung als bei meinem letzten Spiel in Santa Clara. Es liegt einfach daran, dass die Leute noch nicht so betrunken sind und sich besser benehmen. Als *La Isla*, also die Heimmannschaft, einen Homerun schlägt, jubeln die Massen und das kleine Stadion tobt. Leider bleiben dies die einzigen Punkte für die Mannschaft und wir verlieren drei zu vier gegen Santa Clara. Wenigstens Claudia und Richard wird es freuen.

Der Mann des Tages, der den Homerun geschlagen hat, bekommt zur Anerkennung für seine Leistung einen Schinken und eine Flasche Schnaps.

Ich gönne mir ein Nickerchen und schaue nach dem

Abendessen noch die hier äußerst beliebte brasilianische Telenovela. Natürlich ausschließlich um meinen Wortschatz zu erweitern versteht sich.

Nicht weit entfernt in der Nähe eines Friedhofs gibt es in einem Busdepot noch eine Feier inklusive Bühne und Getränken. Alles auf der Insel ist spottbillig, weil mit lokaler Währung bezahlt wird. Das Bier kostet umgerechnet fünfundfünfzig Eurocent. Eine Flasche Rum gibt es für zwei Euro.

Es ist sehr unterhaltsam und getanzt wird wie üblich ausschweifend und eng. Musikalisch wird eine Mischung aus kubanischer und lateinamerikanischer Musik sowie Pop aus den Vereinigten Staaten geboten. Ein paar Lieder kenne also auch ich.

Spät genug geht es in das Land der Träume, welches ich ausgesprochen gerne bereise.

Der Partycrasher

Luis hat mich gestern gefragt, ob ich mal mit zu seiner Arbeit kommen möchte. Es sei in einem Restaurant, eingefasst zwischen Bergen und einem großen See, und es gibt lecker was auf die Gabel. Er arbeitet dort in der Verwaltung.

Vorher kommt noch ein Kollege von ihm und bringt mir ein Fahrrad für drei CUC am Tag vorbei. Es hat jetzt keine Sonderausstattung wie Bremsen oder Licht und der Sattel ist steinhart, aber dafür sieht es fesch aus und fährt sich gut. Da zudem praktisch alle Leute hier mit dem Fahrrad unterwegs sind, fühle ich mich direkt zugehörig. Auf der Hauptstraße kann man locker ein Schwätzchen halten, da es kaum Autos gibt.

Nach dem Plausch nehmen wir an der Tankstelle noch ein Bier mit, sodass der Weg zur Arbeit nicht ganz so lang erscheint. Ein weiterer Vorteil des Zweirades.

Im Restaurant geht es noch ruhig zu und Luis führt mich auf der Anlage herum. Idyllisch gelegen und weitläufig im Schatten eines Berges. Danach setzt er sich zu seinen anderen Kollegen ins Büro. Nicht dass der Eindruck entsteht, dass hier jemand arbeiten würde. Es scheint sich um klassisches Beamtenmikado zu handeln. Wer sich bewegt, verliert. Da will ich nicht stören und gehe auf den Berg hinauf.

Ein kleiner, steiler aber gut begehbarer Weg führt nach oben. Es gibt nicht viel zu sehen, da alles naturbelassen und zugewachsen ist.

Wieder unten angekommen setze ich mich an einen freien Tisch und bestelle ein Getränk. Inzwischen ist es schon voller geworden. Fein gekleidete Leute und eine Band sind zugegen.

Diese ist voll ausgestattet mit Bass, Gitarren, Flöte, Percussion sowie Sänger und Sängerinnen.

Ich mache einige Bilder. Ein wenig später gibt es eine kleine Rede von einem Herrn zu Ehren einer hübsch gekleideten jungen Frau. Da dämmert es mir langsam. Sie sitzt in der Mitte, festlich angezogen, vielleicht um die fünfzehn Jahre alt. Das wird ihre *Quince* sein, das höchste Fest auf Kuba im Leben einer jungen Frau. Quince heißt fünfzehn und da wird hierzulande das Mädchen zur Frau und Familien geben Unsummen für diese Festivität aus. Und ich habe mich schamlos dazugesetzt, was aber auch keinen so wirklich zu stören scheint.

Der Pegel der Leute schnellt nach oben. Eine Frau erhält ganz klar den Titel der Tagesvollsten, da ihr Tanzstil jeder Beschreibung spottet.

Um davor gefeit zu bleiben, bestelle ich zwischendurch etwas zu essen. Fisch mit gut abgestimmter Käsefüllung, Reis, Schweinefleisch, Kartoffelpuffer und gemischter Salat für gut siebzig Eurocent. Ich werde auf der Insel noch kugelrund, denn schmecken tut es auch noch sehr gut.

Am Abend fange ich an die in Varadero gekauften Postkarten zu schreiben. Meine Handschrift ist für andere unleserlich bis katastrophal. Da es reichlich Postkarten sind, dauert dies eine Weile und meine Hand möchte nicht mehr recht. Aber eine Karte aus Kuba bekommt man halt nicht alle Tage.

Morgen startet dann die zweite Episode aus dem Abenteuer „Rückreiseticket nach Havanna".

Der strukturierte Wahnsinn

Gestern Abend meinte Luis dann doch noch zu mir, dass es vielleicht besser sei, wenn ich mich bereits heute um ein Rückreiseticket bemühe. Es ist zwar montags traditionell sehr voll in dem Verkaufsbüro am Hafen, aber die Tickets sind halt auch sehr begehrt. Da ich doch ganz froh wäre meinen internationalen Flug nicht zu verpassen folge ich heute seinem Rat und stehe früh auf. Um acht Uhr macht das Büro auf indem sowohl Tickets für Flugzeug, Boot und auch Zug verkauft werden. Auch wenn es auf der Insel selber nicht eine einzige Zugstrecke gibt.

Mit dem Fahrrad düse ich durch die Stadt. Alles ist ziemlich ruhig und kaum jemand auf der Straße. Als ich jedoch zum Hafen einbiege sehe ich bereits die Menschentraube vor dem Verkaufsbüro. Mir schwant, dass ich einen langen Morgen vor mir habe. Es stehen alle wie immer, wenn es um das Warten geht, komplett unstrukturiert und diffus durcheinander. Ein Alptraum für jeden Deutschen.

Gegen acht Uhr kommt eine Angestellte aus dem Verkaufsraum heraus und macht einige Minuten lang eine Ansage. Wohl wichtige Informationen, da die Leute zwischendurch wild anfangen zu reden und zu gestikulieren. Ich verstehe davon kaum etwas. Viel zu schnell und viel zu früh für meinen viel zu kleinen spanischen Wortschatz. Gegen Ende der Durchsage bilden sich ein paar Reihen, welche jedoch schnell wieder ihre Struktur verlieren.

Ich reagiere schnell und reihe mich ein. Die Reihen sind alle außerhalb des Gebäudes, worin sich nochmal viele Stühle zum Warten befinden. Als ich an der Tür bin, frage ich den Wachmann, wie meine Chancen stehen, von der Insel per Flugzeug wieder herunterzukommen. Am besten bis Freitag. Im Grunde hat er meine Frage schon beantwortet, bevor er ein Wort gesagt hat. Ein süffisantes Lächeln kündigt seine Worte an, dass regulär erst wieder Tickets ab Mai zu kaufen sind. Alles andere wäre Glück, wie auf dem Hinflug, dass jemand nicht erscheint und ich kurz vorher noch einen Platz bekomme.

»Mit dem Boot sieht es besser aus. Es fährt am Freitag und Tickets sind noch da. «

Jedoch müsse ich mich in die entsprechende Schlange stellen, um eine Karte zu kaufen. Er erklärt mir, ich sei in der Flugzeug Reihe. Ich muss erklären, dass für das ungeschulte Auge gar keine Reihe zu erkennen ist. Die Leute stehen einfach mehr oder weniger gedrängt vor dem Eingang. Je nachdem ob dort gerade Schatten ist oder nicht. Manchmal steht auch eine Person für verschiedene Sachen an und hat dann in den verschiedenen Warteschlangen unterschiedliche Positionen, auf die er Acht geben muss. Im besten Fall ist die Person selber auch garnicht da. Er ist vielleicht gerade um die Ecke ein paar Früchte kaufen und man bekommt nur eine vage Beschreibung der Person.

Das Ganze hat dann aber doch ein wenig System. Um sich anstellen zu können, muss man sein Begehren benennen und nach dem Letzten in der Schlange fragen. Ich rufe also nach dem Letzten in der Reihe für die Bootstickets.

»el ultimo por el barco...el ultimo por el barco!!! «

Ich finde zum Glück Gehör und stelle mich an. Ich erfahre von einer netten Dame, die grad nichts zu tun hat, wie das hier von statten geht. Es gibt vier verschiedene Warteschlagen. Einmal für Flugtickets, für Bahntickets außerhalb der Insel, für Bootsfahrten innerhalb von zweiundsiebzig Stunden und dann Bootstickets bis neunzig Tage. Mehr als neunzig Tage kann man nicht im Voraus buchen. Das bringt Licht ins Dunkel.

Leider ist meine Schlange auch die Schlimmste weil halt auf ein Boot die meisten Leute passen.

Nach über vier Stunden kommt Luis herein. Ich habe mich bereits in den Warteraum vorgekämpft. Er wollte schon eine Vermisstenanzeige aufgeben. Ich denke in zwei Stunden bin auch ich dran. Dieser Umstand ist einfach zu erklären. Es gibt kein Internet und kaum Arbeitsmoral. Eine Website zum Buchen der Tickets würde das Problem umgehend lösen. Ich bin schon wieder gefangen in meinen Tagträumen.

Luis meint zunächst, ich solle am Mittwoch oder Donnerstag wiederkommen. Ich sage ihm deutlich, dass ich hier nicht vier Stunden für Nüsse gewartet habe. Dann schweift sein Blick nach rechts zur Seite ab und er marschiert forschen Schrittes hinter die Schalter in ein Büro hinein. Er hat unter den Bediensteten eine Bekannte ausgemacht und ich komme mit ins Büro. Die Ärmste war gerade damit beschäftigt Streichhölzer zu zählen, hat aber doch kurz Zeit für uns. Innerhalb von zwei Minuten stellt sie mir ein Ticket für das Boot und für den Bus nach Havanna aus. Vitamin B zahlt sich aus, wie bei uns in Deutschland auch. Ich bin froh über mein Ticket und versuche nicht weiter über dieses strukturierte Chaos hier nachzudenken. Es scheint als seien die Leute mit der Ineffizienz zufrieden oder man hat sich wenigstens daran gewöhnt und arrangiert.

Zurück an der Unterkunft macht mir Luis mein Frühstück. Ich bin immer noch nüchtern. Danach fahre ich mit dem Fahrrad in die Stadt. Hier scheint es eine Menge Leute mit langen Fingern zu geben, wenn es um Zweiräder geht. Da entwickelt der Drahtesel schon mal Beine. Also gibt es einige bewachte Fahrradparkplätze zum Beispiel auf der Hauptstraße zwischen Straße achtzehn und zwanzig sowie auf Straße zweiundzwanzig. Hier gibt es zum Glück Straßennamen mit Zahlen und ich komme einigermaßen zurecht. Große Straßen haben aber auch Namen.

In der Wechselstube gibt sich der Herr nicht mit einer Fotokopie meines Reisepasses zufrieden. Er verlangt das Original, welches ich ihm dann auch kurze Zeit später vorlege. Das passiert manchmal. Als wenn es hier in der Stadt mehr als fünf Ausländer gäbe. Ich habe heute noch keinen gesehen.

Ich suche nach einem Weg hoch auf einen der umliegenden kleinen Berge. Im Guide steht etwas von einem Weg hinauf am Ende von Straße zweiundzwanzig gen Westen. Das Einzige was ich vorfinde, ist eine Höhle zum Baden, welche per Stahltür verbarrikadiert ist. Entweder bin ich zu blöd oder der Typ vom Lonely Planet war die letzten Jahre nicht mehr hier um den Weg in Schuss zu halten. Ich schlendere stattdessen noch durch die Ausläufer der Stadt an den Berghängen. Hier werden die Straßen auch mehr zu Staubwegen und das Leben ist sehr einfach und bescheiden. Ich bekomme immer mehr das Gefühl, dass ich mich auf einer abgelegenen Insel befinde.

Gehen sie nicht über Los

Heute geht es ab in den Knast. Besser gesagt in das ehemalige Gefängnis *presidio modelo*, was nicht unweit der Stadt bequem zu erreichen ist. Hier hatten Fidel Castro und andere Schelme die Möglichkeit über ihre revolutionären Schandtaten nachzudenken. Der *maximo lider* fand hier zwei Jahre sein Zuhause. Ich fahre bis zur Straße zweiunddreißig und dann immer nach Osten. Man kann es nicht verfehlen. Der Sattel meines Fahrrads hat auch schon bessere Zeiten erlebt.

Es ist ein großes Gebiet und ich fahre auf einer langen Zufahrtsstraße direkt auf das Verwaltungsgebäude des Gefängnisses zu. Dahinter stehen zwei weitere Gebäudeblöcke, welche mal der Minimum Sicherheitstrakt waren. Im Zentrum stehen die kreisrunden Gefängnisse und ein Speisesaal. Das Alles ist ohne Eintritt einfach begehbar. Niemand passt auf oder bewacht dort irgendetwas. Der Ort strahlt direkt etwas Anziehendes auf mich aus. Die Faszination der alten Gefängnisse hat etwas Bedrückendes und Eindringliches.

Seit über fünfzig Jahren ist das Gefängnis geschlossen und der zerfallene Zustand macht einen Großteil des Charmes dieser historischen Stätte aus. Jeder Pinselstrich wäre ein Vergehen an der Geschichte. Man muss etwas aufpassen, da Gitter und Absperrungen fehlen, die wohl wegen ihres Metalls bereits geklaut wurden oder schlichtweg verrostet sind.

Die Gebäude sind ockergelb und die Farbe ist bereits schmutzig und teilweise schwarz geworden. Asphaltwege verbinden die einzelnen Trakte. Es gibt keine Fenster mehr. Die kreisrunden Gefängnisse sind alle gleich aufgebaut. Sie sehen aus wie eine Arena. Außen sind über fünf Stockwerke die Gefängniszellen gebaut. Das Dach ist vom Wind halb abgedeckt und es regnet hinein. In der Mitte ist ein großer Platz mit einem steinernen Wachturm. Abgebröckelter Putz und Steine liegen auf dem Boden. Es riecht moderig, feucht und faulig.

An der Innenwand einer Zelle sind spanische Übersetzungen zu englischen Verben zu finden.

„bleed = sangrar; burn = quemar". „Aufwachen" ist falsch konjugiert. „awaked" anstatt „awoken".

Im Speisesaal im mittigen Gebäude ist noch ein alter Aufzug mit Zahnrädern und Schiebetüren aus Metall installiert, welcher aber schon lange außer Betrieb scheint. Der Blick aus dem Fenster auf das gleißende Licht draußen lässt mich schaudern.

Das Gefängnis wurde zwischen 1931 und 1959 genutzt. Fidel Castro ließ es schließen. Am Ende des Areals befinden sich Reparaturhallen und ein Elektrizitätsraum. Links davor ist das Museum in dem ehemaligen Hospital des Gefängnisses.

Die Tour ist nicht sehr lang aber dennoch informativ und

auch interessant, da einige Hintergründe beleuchtet werden. In einem Raum sind die Betten und die dazugehörigen Fotos von Fidels Truppe, welche den Angriff 1953 auf die Kaserne in Santiago unternommen haben. Zur Sicherheit waren sie hier komplett getrennt von den anderen Gefangenen untergebracht. Vier Monate später reichte auch dies dem ehemaligen Staatsoberhaupt Fulgencio Batista nicht mehr und Fidel durfte in einem separaten Raum schlummern. Er hatte wohl einen schlechten Einfluss auf die Anderen.

Die Frau, die mich herumführt, gibt sich sichtlich Mühe und ich kann den meisten ihrer Ausführungen folgen. Ob man die fünf CUC für Fotos ausgeben muss ist aber fraglich. Jedoch ist die Chance, dass ich nochmal auf dieses Fleckchen Erde komme, abschätzbar gering.

Aus einer nahegelegenen Schule fällt noch eine Klasse in das Museum ein und es wird laut. Wahrscheinlich sehen die Kinder das Museum schon zum zehnten Mal und sind wenig interessiert. An dem komisch aussehenden bleichen jungen Mann, mir, haben sie eher Interesse.

Ich gebe mich als Deutscher zu erkennen und das Gerede ist groß. Ich mache noch ein Foto von der ganzen Truppe, welche es toll findet das Bild direkt sehen zu können. Alle tragen Einheitskleidung mit einer ockerfarbenen Hose oder einem Rock sowie einem weißen Hemd oder einer Bluse. Schuluniform ist auf ganz Kuba Pflicht, soweit ich es gesehen habe.

Nachdem ich auch die private Toilette von Fidel fotografiert habe, mache ich mich auf zu einem Strand im Nordosten. Dieser liegt noch ein paar Kilometer die Straße entlang. Wenn die Straße aufhört ist man da. Der Strand *Bibijagua* ist aber nicht wirklich prospektfähig. Naja, wie ein Großteil der Insel. Anbei gibt es eine Bar und ein Restaurant. Die üblichen fünf bis zehn Angestellten sind auch dort und vertreiben sich die Zeit.

Ich frage den Mann hinter der Bar nach einem Bier. Dieser bittet um einen Moment. Er spricht über die Theke mit der auf einer Bank sitzenden Frau. Diese steht auf, geht hinter die Bar, holt das Bier aus dem Kühlschrank und verkauft es mir. Der Mann scheint dafür nicht zuständig, obwohl er direkt am Kühlschrank steht. Glorreich.

Das Essen geht als sättigend durch. Ich setze mich draußen hin. Ich bin auch der einzige Gast und so komme ich mit den Angestellten hier ins Gespräch. Touristen kommen kaum vorbei. Hier sei halt nichts.

Kurze Zeit später knobeln sich die Frauen bereits aus, wer denn am Samstag mit mir zurück nach Deutschland fliegen möchte. Die Leute kommen hier wie gesagt schnell zum Punkt wenn es um sowas geht. Wir haben es dann doch beim netten Gespräch belassen. Der einzig schönen Frau ist fast der Mascara von den Wimpern getropft.

Ich mache mich mit dem Zweirad wieder auf in Richtung

Heimat. Zurück scheint es flotter zu gehen als auf dem Hinweg. Ob die Straße nun abschüssig ist oder es am Bier liegt, konnte nicht abschließend geklärt werden.

Der beste Mojito Kubas

Am Morgen gebe ich meinen treuen aber doch hart gepolsterten Drahtesel wieder ab, da ich die Attraktionen in der Nähe abgegrast habe. Heute möchte ich zum wohl einzigen bekannten Hotel der ganzen Insel, *Hotel Colony*. Es liegt fünfundvierzig Kilometer südwestlich der Hauptstadt Nueva Gerona. Dort ist genau Garnichts bis auf eine große Ausnahme, warum die meisten Menschen auf diese Insel kommen. Einen besseren Platz zum Tauchen und Schnorcheln findet man auf ganz Kuba nicht. Und wenn das schon so hoch angepriesen wird, will ich mich mal umsehen auch wenn der Wassersport sonst nicht mein Ding ist.

Ich bin schon kurz davor in die Stadt zu gehen und mir einen Roller zu mieten als Luis mir einen weitaus besseren Vorschlag macht. Er würde Klaus anrufen und er könne mich mit seinem Taxi für dreißig CUC zum Hotel und zurück fahren. Der Name trügt nicht, denn Klaus ist ein Deutscher, welcher seine goldenen Jahre lieber in warmen Gefilden verbringt. Kurze Zeit später fährt er vor.

Klaus kommt aus Leipzig, was er aufgrund seines Dialekts auch sofort preisgibt. Er überbrückt mit seinem Taxigeschäft hier auf der Insel noch die letzten zwei Jahre bis zu seiner Rente. Er ist gelernter Schlosser und ein

Freund des direkten Wortes.

Auf dem Weg zum Hotel erzählt er mir einige Geschichten über die Insel.

Die Landschaft ist größtenteils naturbelassen und liegt unbewirtschaftet brach. Ab und zu ragen jedoch einige heruntergekommene Bauten mitten aus einem Stück Land heraus. Das sind verlassene Internate und Schulen, welche in den siebziger und achtziger Jahren wild in die Landschaft gesetzt wurden. Dies sollte viele junge Leute anziehen und ein Zentrum für Bildung werden, was damals auch gelang. Daraufhin hat Fidel Castro auf einer damaligen Veranstaltung 1978 auch kurzerhand die Insel von *isla de los pinos* zu *isla de la juventud* umbenannt. Die Kieferninsel wurde zur Insel der Jugend. Wenig überraschend widersprach Fidel niemand und somit war der Namenswechsel besiegelt.

Das ist eine gefühlte Ewigkeit her und die Bauruinen stehen nun wie Mahnmale in der Landschaft und erinnern an eine Blütezeit der Insel.

Passend dazu wurden auf der Insel bis in das heutige Jahrhundert sehr viele Zitrusfrüchte angebaut und geerntet. Unter anderem auch von den jungen Schülern und Studenten Ende des letzten Jahrhunderts. Der Zyklon 2008, welcher die Stadionbeleuchtung auf dem Gewissen hat, machte auch mit den Bäumen kurzen Prozess. Seitdem wurde dieser Wirtschaftszweig nicht wieder aufgebaut. Ob dies noch passiert ist unklar. Vielleicht irgendwann in der Zukunft.

Zudem ist ein Großteil der Insel mit dicht wucherndem Dornengebüsch übersät. Die knorrigen Äste kommen direkt aus dem Boden und bilden kaum Grün aber dafür spitze harte Dornen aus. Die rasante Ausbreitung ist den Wiederkäuern zu verdanken. Sie laufen hier frei über die ganze Insel und verteilen den Samen unaufhörlich. Weder ausreißen noch abbrennen schafft Abhilfe, meint Klaus.

Die Berge hier beherbergen sehr viel Marmor. Deswegen wahrscheinlich auch das viele Marmor in der Innenstadt von Nueva Gerona. Früher wurde dies mit Hilfe der Sowjetunion noch in großen Mengen gefördert. Nach dem Zusammenfall des Ostblocks ist aber auch das Geschichte und die Berge schlummern weiterhin mit ihrem wertvollen Inhalt vor sich hin.

Wir fahren an einer unfertigen Biogasanlage vorbei. Klaus meint, dass der Bau schon seit Jahren still steht. Es fehlt neben Arbeitsmoral und Willen vor allem an Wissen und Baumaterial.

Das *Hotel Colony* wurde früher von der Mafia aus den USA für Treffen genutzt. Nach der Revolution wurde es in ein Touristenhotel umgewandelt. An der Zufahrtsstraße steht ein internationaler Flughafen. Oder halt was davon übrig geblieben ist, denn wie so vieles hier ist er heruntergekommen und verlassen. Die Lage ist perfekt, da der Süden nicht nur der schönste Teil der Insel sein soll sondern auch einen der besten Tauchplätze der ganzen Karibik bietet. Das hat auch ein deutscher Reiseveranstalter entdeckt und ließ eben jenen internationalen Flughafen unweit des Hotels errichten. Als die Verträge ausliefen wollten es die Kubaner auf eigene Faust versuchen. Das Ergebnis ist leider desolat. Am Eingang stehen noch Teile der Empfangshalle des Flughafens. An der Landebahn hat ebenfalls der Zahn der Zeit genagt und kaum ein Flugzeug könnte hier noch landen.

Konzentrieren wir uns wieder auf die Gegenwart, denn das Hotel ist weiterhin geöffnet und mit seinen drei Sternen doch ansehnlich. Skulpturen dienen auf der schnurgeraden Straße als Begrüßung der Gäste.

Es stellt sich heraus was Klaus bereits sagte. Das Schiff Richtung *Punta Francés* zum Tauchen hatte bereits um neun Uhr abgelegt. Fünfundzwanzig Dollar kostet das Schnorcheln erklärt mir die Empfangsdame in gutem Deutsch. Ich spreche anscheinend doch eine Weltsprache.

An die ehemalige Bar am Strand erinnert nur noch ein rostender Steg und lässt vermuten, wie es hier zu florierender Zeit hoch herging. Würde man sich ein wenig mehr Mühe geben und investieren, wäre das eine Goldgrube.

Da ich also erst morgen ins kühle oder lauwarme Nass kommen werde, frage ich Klaus, ob wir nicht an der Krokodilfarm weiter im Osten halten können. Er stimmt zu, erwähnt aber im gleichen Atemzug, dass außerhalb der beiden Nord-Süd Verbindungen die Straßen in sehr schlechtem Zustand sind. Deswegen werden Querstraßen gemieden, aber er biegt trotzdem ein. Er scheint die Insel wie seine Westentasche zu kennen. Die Militärzone im Süden habe ihn schon einige Reparaturen gekostet.

Es sind einfach ganze Löcher und Gruben in der Straße im Gegensatz zum weitläufig bekannten gemeinen Schlagloch. Die Landschaft ändert sich nicht und ich sauge die Atmosphäre in mich auf. Der Geist vergangener Tage scheint hier weiterhin zu spuken.

Die letzten sechs Kilometer zur Krokodilfarm führen über einen Feldweg. Hier ist Sumpfgebiet und es hat in letzter Zeit ordentlich geregnet. Wohlgemerkt vor meiner Ankunft. Auf den restlichen drei Kilometern bleibt Klaus mit dem Wagen zurück und ich gehe zu Fuß. Er würde mit seinem Frontantrieb stecken bleiben.

Da uns bis dahin schon zwei Schlangen über den Weg gelaufen sind und es im Unterholz raschelt, gehe ich lieber in der Mitte und behalte die überwucherten Wegränder im Auge.

Ich komme auf den Hof der Farm. Man kann nicht gerade von Hektik sprechen. Ich gucke in eines der Häuser hinein und frage, ob es hier jemanden gibt, der mich herumführen könnte. Dieser Jemand ist schnell gefunden und wir fangen die Tour in einem der Zuchtbecken der kleinen Reptilien an. Von wenigen Monaten bis hin zu viele Jahre alten Exemplaren ist alles dabei. Fünfzig Jahre hat der älteste Vertreter auf dem Buckel. Im Gegensatz zu ihm kann ich die Kleinen in die Hand nehmen und auch streicheln. Das finden sie aber garnicht witzig und ich muss schon aufpassen und ihnen das Maul zuhalten. Sie sind dunkelgelb und schwarz gefleckt mit einem flachen Rachen und kleinen spitzen Zähnen.

Wir gehen Richtung Außengehege zu den ausgewachsenen Exemplaren. Mein Guide verringert mitten auf dem Weg das Tempo und zeigt in Richtung des Wegrandes. Dort lungert ein zehn Jahre altes Kroko herum und beäugt uns. Solange man sie nicht reizt, reagieren sie recht entspannt und der Kollege verzieht sich nach einem kurzen Moment der Anspannung auch wieder zurück ins Wasser.

Die alten Vertreter ihrer Art wiegen bis zu dreihundert Kilogramm und ich halte automatisch aus Respekt einen gewissen Abstand.

Die Tour ist nicht sehr lang aber echt erlebnisreich. Wäre die Farm nicht dermaßen abgelegen, würde man hier bestimmt mehr Leuten sechs CUC abnehmen. Die Insel hat wirklich eine Menge Potential.

Auf dem Rückweg bietet man mir noch eine Mitfahrgelegenheit an. Ich müsse doch nicht durch die Mittagssonne laufen. Für zwei CUC setze ich mich auf die Mittelstange eines Fahrrads und werde bis zum Taxi gefahren. Besser schlecht gefahren als gut gelaufen.

Auf dem Rückweg fährt Klaus noch nach *La Fe*, spanisch für „der Glaube". Es ist die zweitgrößte Stadt hier. Mit rund sechstausend Leuten ist aber wohl eher das Wort Dorf angebracht. *La Fe* ist immer noch von dem Sturm 2008 gezeichnet, als wäre er vor einer Woche durchgezogen.

Klaus will Fleisch kaufen, da er bald Besuch erwartet und der Einkaufspreis hier günstiger ist als in Nueva Gerona. Getreu dem Motto „Darf es auch etwas mehr sein?" wuchtet der Typ ein zwanzig Kilogramm Fleischstück aus der Kühltruhe auf den Tresen. Er sucht seine Gewichte zusammen zum Abwiegen und für dreißig CUC laden wir den Einkauf in den Kofferraum.

Auf dem Rückweg setzt Klaus mich am *Playa Paraiso* ab. Dieser befindet sich nördlich des ehemaligen Gefängnisses und östlich von Nueva Gerona. Er holt mich in zwei Stunden wieder ab und ich solle den frischen Fisch probieren.

Ehrlich gesagt gibt es heute auch nicht viel mehr auf der Speisekarte. Ich bestelle ein Bier dazu, aber der Kellner meint, ich solle mal seinen Mojito probieren. »Etwas ganz besonderes« verspricht er mir strahlend. Da ich den Satz nicht zum ersten Mal höre stimme ich nur halb enthusiastisch zu. Manchmal ist das Leben einfach gut zu Einem. In dem Fall zu mir, denn der Mojito ist der Beste den ich bisher auf Kuba getrunken habe. Es scheint von allem einfach mehr im Glas zu sein, obwohl es nicht größer ist als Andere. Herrlich erfrischend mit tiefgrüner Minze und einem guten Schuss Rum. Nachdem ich abgetrunken habe kommt der gute Herr nochmal rum und füllt mit Rum auf. Ich beglückwünsche ihn zu seiner Leistung. Nachdem ich den ebenfalls wohlschmeckenden, weil frisch und gut zubereiteten Fisch vertilgt habe schaue ich auf das Meer und den Strand und stelle fest, wie gut es mir geht.

Nacht ohne Morgen

Um sieben Uhr gibt es Frühstück, was aber mein selbst gewähltes Schicksal ist. Heute möchte ich an meinem letzten Tag auf *la isla* noch etwas von der Unterwasserwelt bei *Punta Frances* sehen. Der Bus von *Hotel Colony* zum Hafen geht um neun Uhr.

Klaus ist pünktlich wie die Maurer. Ich sehe ihn jedoch direkt beim Wechseln des Reifens, was seine Laune am frühen Morgen nicht gerade hebt. Ärgerlich, aber als organisierter Deutscher hat er natürlich einen Ersatzreifen im Gepäck.

Am Hotel steht die komplette Gästeliste des Hauses wartend am Empfang. Einen guten Grund außer dem Tauchen gibt es wirklich nicht für die Buchung dieses wahrscheinlich nicht mal günstigen Hotels.

Acht Leute sind es insgesamt. Die beschwerliche Anreise zum Hotel selber dürfte einige Tauchbegeisterte abschrecken.

Ich treffe dort unter anderem Marina, Karin, Miguel und Brian.

Miguel ist ein Portugiese, der gerade in Großbritannien lebt und begeisterter Taucher ist.

Brian ist Kanadier, Marina und Karin sind zusammen aus Deutschland hier. Sie teilen sich ihr wallendes langes braunes Haar.

Ich buche aber nur das Schnorcheln, da ich zum Tauchen einfach nicht geboren bin und schlichtweg Angst davor habe. Das Boot scheint vertrauenswürdig und die Geschwindigkeit ist als entspannt zu bezeichnen. Heute ist es auch nicht ganz so warm, was den Ausflug deutlich angenehmer macht. Die Truppe kennt sich bereits, da alle bis auf Karin schon öfters zusammen tauchen waren. Ich integriere mich aber direkt, denn zwischen den Tauchgängen bleibt doch relativ viel Zeit für Smalltalk und blöde Kommentare.

Miguel hat Karin für heute überredet doch mal das Tauchen zu probieren, welches ihr auch begeistert gefällt.

Wir halten zum Schnorcheln an dem Südwestzipfel der Insel. Ich nehme Flossen, Schnorchel und Brille und folge einem anderen deutschen Herrn auf dem Schiff, der das Handwerk versteht. Ich habe das ja noch nie gemacht.

Ich werde aber trotzdem nicht wirklich warm mit diesem Sport. Ich habe meine liebe Mühe mit der richtigen Atemtechnik. Abgesehen davon ist es hier aber wirklich beeindruckend. Das Wasser ist schön warm, die See mit der Landzunge idyllisch und die Sicht unter Wasser ist traumhaft. Rochen und weitere mir jedoch unbekannte Tiere ziehen am Boden vorbei. Zum Tauchen ist man hier bestens aufgehoben. Ich paddle zurück zum Schiff. Manche Sachen muss man einfach mögen. Das ist nicht mein Fall.

Mehr mein Fall ist der Ausruf nach dem Mittagessen. Die

alten Seebären ziehen ungefähr ein Dutzend Hummer aus dem Meer und bereiten diese sogleich in der Kombüse zu. Frischer geht's nimmer.

Leider oder zum Glück gibt es auch hier kaum touristische Infrastruktur und die Landzunge wird weder groß gepflegt noch bewirtschaftet. Eine Bar soll es dort geben, aber die anderen Leute warnen mich bereits vor den infernalischen Mückenschwärmen, welche einem ans Leder wollen. Ich verweile also lieber im Boot und unterhalte mich gut mit Miguel, Brian und den beiden deutschen Mädels.

Ich lege auf dem Rückweg ein Nickerchen ein und arbeite noch etwas an meiner Bräunung. Wahrscheinlich denken die Leute, dass ich nach sechs Wochen auf Kuba als Dunkelhäutiger zurückkomme.

Wir kommen erst abends um sieben wieder am Hafen an, denn der Rückweg hat sich doch recht gezogen und ich bin froh, dass wir nicht im Dunkeln auf dem Meer herumschippern müssen. Die Sonne verabschiedet sich in unseren Rücken.

Um neun Uhr treffen wir uns alle wieder in der Unterkunft von Brian, wo ich auch seine asiatische Freundin Jenny kennen lerne. Die Unterkunft liegt in Nueva Gerona ungefähr fünf Minuten Fußweg von mir. Ich steige beim Bier mit ein, was jedoch relativ flott in Rum übergeht. Ich befürchte bereits jetzt, dass die Nacht sehr kurz werden wird. Mein Boot legt morgen früh um acht Uhr ab und man soll zwei Stunden vorher am Hafen sein. Aber darauf pfeife ich.

Wir landen später in einer Bar, wo uns der Barkeeper mit seinem tollen Mojito überzeugen will. Er ist zweifelsohne gut, aber gegen die Bar am *Playa Paraiso* kommt er nicht an. Marina und Karin waren auch schon dort und bestätigen meine Worte. Gegen halb Zwei ist hier Schluss aber es möchte noch niemand nach Hause gehen.

Um viertel vor Zwei möchten wir noch in eine andere Bar in einem Innenhof. Diese hat normalerweise ebenfalls nur bis zwei Uhr geöffnet, aber der Chef winkt uns trotzdem noch herein. Miguel spricht aufgrund seiner portugiesischen Wurzeln auch gutes Spanisch und das erleichtert nun mal vieles.

Wir bestellen sechs Mojitos für insgesamt zwei CUC. Die Hauptzutat ist Rum und dann kommt erstmal lange nichts. Karin ging das aber nicht schnell genug, denn sie war mittlerweile auf gutem Pegel wie der Rest von uns auch.

Wir ordern sechs Cola und eine Flasche Rum. Als dann noch verschiedene Trinkspiele ausgepackt werden, ist die Flasche kein Problem mehr. Man sagt reihum alle Zahlen auf von eins beginnend. Ist die Zahl durch drei teilbar, wird sie ausgelassen. Ist die Zahl durch sieben teilbar wechselt die Richtung. Wer einen Fehler macht der trinkt.

Jenny schmeißt sich an einen Kubaner heran, der ihr noch ein paar laszive Tanzbewegungen aus erster Hand beibringt. Alle haben zu viel Spaß um nach Hause zu gehen.

Gegen vier oder halb fünf, da möchte ich mich nicht festlegen, mache ich mich dann auf. Denn ich sollte mich noch duschen und muss meine Sachen packen und um sechs Uhr steht Klaus vor der Tür. Zum Glück gibt es nur ein Schiff, was die Insel verlässt. Das kann ich auch mit voller Rübe nicht verfehlen.

Das Taxi mit Beiwagen

Die Nachtruhe war nicht existent, da die gestrige Feier doch etwas länger ging als geplant. Ich schlafe lieber garnicht als zu kurz. Da mein Rhythmus aufgrund des Langstreckenfluges eh bald dahin ist, kann ich es verschmerzen.

Am Hafen ist gegen sechs Uhr schon gut was los und Schlange reiht sich an Schlange. Nach ein paar Checks und etwas Wartezeit geht es dann auf das moderne Boot, professionell und geordnet wie selten hier. Selbst eine Platzordnung gibt es und vorne hängen ein paar Fernseher zur Bespaßung der Fahrgäste. Es ist bitterkalt. Dank der Vorwarnungen habe ich meinen Pulli eingepackt, den ich auch dringend benötige, da die Klimaanlage bis zum Anschlag läuft. Alle wissen das und nehmen warme Sachen und Decken mit. Kurzfristig könnte man meinen nicht mehr in der Karibik zu sein.

Die Busfahrt nach Havanna klappt reibungslos und am Terminal suche ich ein Taxi. Jemand macht mir einen besonders günstigen Preis und wir gehen aus der Wartehalle heraus auf die Straße. Meine Augen suchen sein Taxi doch wir halten vor einem alten Motorradgespann. Ehe ich mich versehe lädt er meinen Schalenkoffer auf den Beiwagen und gibt mir einen Helm „Marke Salatschüssel" in die Hand. Ich setze mich hinten drauf und wir brausen durch Havanna zum Hotel. Das finde ich total cool.

Ich checke ein und gehe gen Stadt. Dort werfe ich auf den letzten Drücker noch meine auf *la isla* geschriebenen Postkarten ab und verspeise eine Pizza.

Am Abend finde ich mich in der Hotelbar ein, wo ich noch Miguel von gestern erwarte. Er reist heute ebenfalls zurück nach Havanna, ist im gleichen Hotel und nimmt morgen auch den gleichen Flug wie ich zurück. Er kommt später als geplant, aber das überrascht mich garnicht, da ich ja bereits gesehen habe, wie lange sich Inlandsflüge verzögern können.

Gleichzeitig, es mag am Freitagabend liegen, schwärmen die Frauen aus dem horizontalen Gewerbe aus. Wie durch Magie befindet sich in der Hotelbar auf einmal pro männlichen Gast mindestens eine Hure. Das scheint die Hotelmitarbeiter auch nicht weiter zu stören. Wahrscheinlich verdienen sie noch ein wenig mit. Die Frauen halten sich auch nicht lange mit Vorreden auf sondern gehen direkt zur Sache.

Ich verabrede mich mit Miguel für vier Uhr morgens. Dann ist die Abreise aus dem Paradies geplant. Ich meine Kuba.

Auf Wiedersehen

Ich steige deutlich entspannter aus dem Bett als gestern Nacht. Ich weigere mich weiterhin „Morgen" zu sagen, wenn die Sonne noch nicht aufgegangen ist. Miguel guckt auch noch etwas zerknautscht. Im Taxi sagt er mir, dass er an dem Abend auf *la isla* erst um zehn Uhr ins Bett gekommen sei. Der Mensch neigt ja generell zu Übertreibungen, aber er wird schon auf seine Kosten gekommen sein. Laut seiner Aussage galt das auch für Marina und Karin.

Miguel gibt beim Check-In sein letztes Geld für Zigarren und Schnaps aus, die wohl beliebtesten Exportgüter für Touristen hier auf der Insel. Wir rauchen noch Eine zusammen.

Das Flugzeug hebt ab und ich verschwinde kurze Zeit später in den karibischen Himmel.

„Auf Wiedersehen Kuba", denke ich mir leise und freudig. „Auf Wiedersehen".

Anmerkungen

Dieses Buch basiert auf meiner persönlichen Reise nach Kuba im Frühjahr 2013. Als Vorlage dienen meine Reiseaufzeichnungen, welche ich vor Ort täglich angefertigt habe. Einige Passagen und Ergänzungen entspringen der Erinnerung. Einiges wurde nur stichpunktartig oder flüchtig niedergeschrieben, da ich zu dem Zeitpunkt nicht die Intention hatte, aus den Aufzeichnungen ein Buch zu verfassen. Sie waren zunächst lediglich für mich selbst gedacht. Somit ist auch bis auf wenige Ausnahmen der komplette vorliegende Text eine umformulierte und erweiterte Version meines Reisetagebuchs. Die Originalversion habe ich bis auf wenige Kürzungen im Internet unter backintimecuba.wordpress.com veröffentlicht, wo auch viele Bilder der Reise zu sehen sind.

Es wurde versucht, alles soweit wie möglich in der deutschen Sprache zu halten. Somit sind Zitate, Beschreibungen und ähnliches frei von mir ins Deutsche übersetzt worden. Lediglich häufig widerkehrende Worte sowie Ortsnamen wurden belassen.

Karte

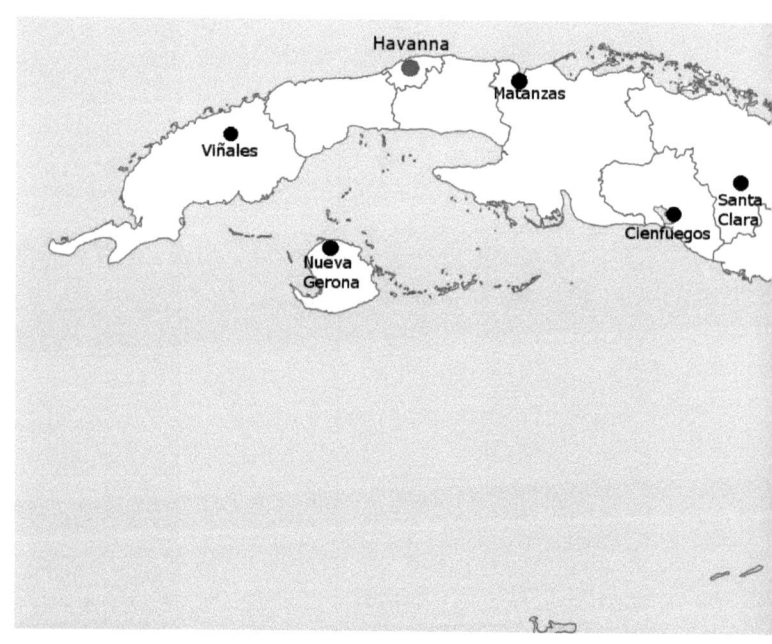

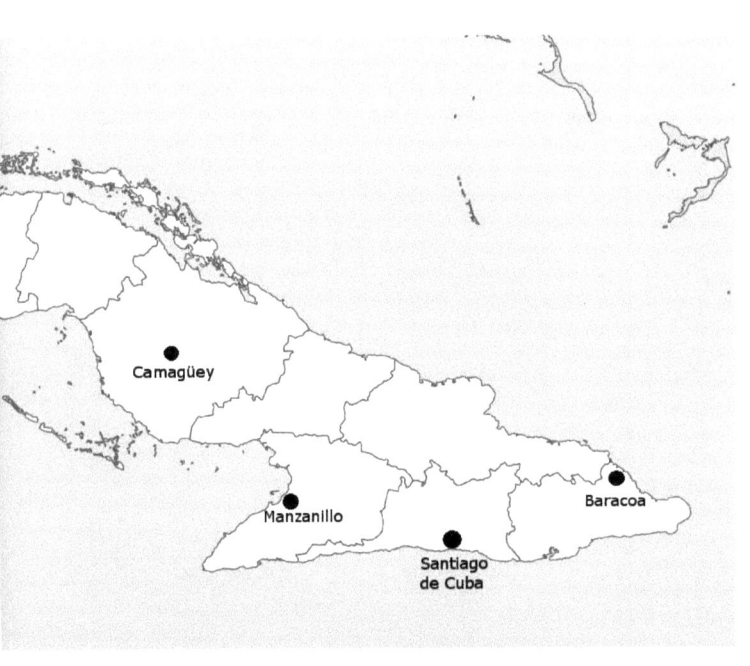

Quellenverzeichnis

Seite 218,219: "Cuba location map" by NordNordWest - own work, using United States National Imagery and Mapping Agency data. Licensed under Creative Commons Attribution-Share Alike 3.0 via Wikimedia Commons -

Danksagungen

Allgemein danke ich all den Leuten auf meiner Reise auf Kuba, die offen für Gespräche waren, mir geholfen haben, Geschichten erzählt haben und mich mit großer Gastfreundlichkeit empfangen haben. Ich habe mich auf Kuba immer willkommen gefühlt. Persönlich danke ich hier Claudia und Richard. Alles Gute mit eurem Nachwuchs.

Ich danke vielen Leuten aus meinem Freundes- und Familienkreis. Diese haben mich bereits beim Lesen meiner Webseiten zu meinen Reisen wissen lassen, dass sie es sehr interessant fanden. Das Lesen macht Spaß und mein Schreibstil gefällt. Das hat mich ehrlich gesagt überrascht, da ich nie dachte, dass ich auch nur ansatzweise gute Prosa schreiben könne. Ich habe über lange Jahre hinweg Bücher gehasst und deswegen gemieden.

Ein direkter Dank geht an die Personen, die ich vorab mit meinen Rohtexten behelligt habe, um nach ihrer Meinung zu fragen. Danke an meinen Vater Michael und meine Freunde Kai und Matthäus. Eure unterstützenden und motivierenden Worte haben mich angetrieben.

Ein besonderer Dank geht an meine Mutter Annette. Sie hat sich der Aufgabe angenommen, meinen kompletten

Text zu korrigieren, Anmerkungen zu machen und hat zudem auch zum Titel des Buches beigetragen. Danke für die investierte Zeit und die Arbeit. Ohne dich wäre das niemals möglich gewesen.